LOUISE MICHEL

© L'Harmattan, 2004
ISBN : 2-7475-7044-4
EAN : 9782747570442

Franz VAN DER MOTTE

LOUISE MICHEL

L'Harmattan
5-7, rue de l'École-Polytechnique
75005 Paris
FRANCE

L'Harmattan Hongrie
Hargita u. 3
1026 Budapest
HONGRIE

L'Harmattan Italia
Via Degli Artisti, 15
10124 Torino
ITALIE

Biographies historiques

Déjà parus

Madeleine LASSERE, *Victorine Monniot ou l'éducation des jeunes filles au XIXe siècle*, 1999.

Dicta DIMITRIADIS, *Mademoiselle Lenormand, voyante de Louis XVI à Louis-Philippe*, 1999.

Pierre GRENAUD, *Le charmant prince de ligne, prince de l'Europe*, 1999.

Greg LAMAZERES, *Pierre Bourthoumieux, vie et mort d'un socialiste toulousain*, 1999.

Yves NAJEAN, *Albilla, servante gauloise*, 1999.

Djamel SOUIDI, *Un prince dans le Maghreb de l'an mil, Amastan le Sanhaji*, 1999.

Josée BALAGNA COUSTOU, *Ouda, princesse marocaine 1532-1591*, 1999.

Yannick SURUN, *Les caravanes de Zanzibar*, 1999.

Alain STRECK, *J'étais à Bouvines*, Prix Delarue-Levasseur 1998.

Du même auteur aux Editions de l'Harmattan

L'immigration, un avenir pour la France (1997)

Mourir pour Paris insurgé, le destin du colonel Rossel (2001)

Hommage à Jean Guillon

Résident, déporté à Buchenwald
Député d'Indre et Loire
Professeur d'histoire au lycée
Paul-Louis Courier de Tours

Elle a cru, comme tant d'autres, qu'il y avait deux mondes : le vieux corrompu et méchant, et celui qui naîtrait du cyclone révolutionnaire. Décédée en 1905, elle n'a pu voir de quelles horreurs cette chimère séduisante était porteuse.

Roger-Pol DROIT
Le Monde du 30 juillet 2003

" Ne la battez pas, agents, soyez respectueux. Juges, taisez-vous. Cette vieille folle vaut mieux que vous qui dites la « femme Michel. "

Maurice Barrès

Triste naissance !

L'histoire de la naissance de Louise Michel aurait très bien pu servir à illustrer un chapitre des Misérables, car elle n'est guère différente de celle de Cosette et c'est sans doute l'une des raisons pour lesquelles les liens entre Louise et Victor Hugo furent si forts car elle fut au moins dans la première partie de sa vie l'une de ses héroïnes.

Dans ce XIXème siècle, conservateur et bourgeois, ponctué de défaites militaires, de coups d'Etat et de révolutions sanglantes, elle naît le 29 mai 1830 d'une jolie servante, Marianne Michel et de Laurent de Mahis, le fils du maire de Vroncourt, dans la Haute-Marne.

Cet événement qui, à l'époque, aurait dû avoir des suites dramatiques pour l'avenir de la mère et de l'enfant, car dans la société d'alors on n'était guère indulgent pour les filles-mères, n'eut en apparence aucune conséquence pour Louise qui fut élevée au château par ses grands-parents paternels comme leur propre petite-fille.

La demoiselle du château

Louise Michel nous a donné dans ses Mémoires, la clef de sa naissance : *Je suis ce qu'on appelle une bâtarde, mais ceux qui m'ont fait le mauvais présent de la vie étaient libres ; ils s'aimaient et aucun des misérables contes faits sur ma naissance n'est vrai et ne peut atteindre ma mère. Jamais, je n'ai vu de femme plus honnête.*

Son grand-père Charles-Etienne Demahis, maire de Vroncourt, était avocat. Il descendait d'une ancienne famille de noblesse de robe. Ses ancêtres étaient procureurs ou conseillers du Roi.

Charles-Etienne, grand-père de Louise, est le premier à avoir rattaché la particule à son nom.

Du côté des Michel, la famille est d'origine paysanne, mais constituée de personnalités attachantes.

Louise nous décrit dans ses Mémoires, ses grands-oncles maternels, comme de grands vieillards aux épaisses chevelures rousses, et les frères de sa mère, le meunier, et son cadet comme des aventuriers qui s'étaient embarqués par goût de l'aventure en Afrique et y moururent.

Au contraire de la famille de Mahis, voltairienne et athée, les Michel sont très pieux. La tante de Louise, Victoire, était religieuse à Langres : *Jamais, je n'entendis de missionnaire plus ardente que ma tante, elle avait pris du christianisme tout ce qui peut entraîner.*

Deux lignées donc bien différentes représentées par deux aïeules : Marguerite Michel, la paysanne à la coiffe blanche et Madame de Mahis, la châtelaine, instruite et cultivée comme on pouvait l'être au XVIIIème siècle.

Louise Michel est élevée par ses grands-parents paternels au château de Vroncourt qui était une vaste demeure appelée dans le pays la Maison forte:
Le nid de mon enfance avait quatre tours carrées, de la même hauteur que le corps du bâtiment, avec des toits en forme de clochers. Le côté au sud, absolument sans fenêtre et les meurtrières des tours lui donnaient un air de forteresse ou de mausolée suivant le point de vue.
Toute sa vie, elle sera fidèle au souvenir de cette demeure où elle a commencé sa vie et où elle reçut de son grand-père et de sa grand-mère une très bonne éducation.

Avec son grand-père, elle lit Corneille, Molière et surtout Victor Hugo, partageant avec les autres enfants de son père, les livres qu'ils étudiaient au collège lorsqu'ils venaient en vacances à Vroncourt. Elle commença même à écrire une histoire universelle pour remplacer celle de Bossuet que du haut de ses treize ou quatorze ans, elle trouvait sans intérêt.

Avec sa grand-mère, elle apprend la couture et le piano, ce qui devait faire d'elle une future mère de famille bourgeoise.

A l'école communale, Louise est une élève exemplaire et douée, mais ce qui marquera particulièrement son entourage, c'est l'amour des animaux qu'elle développera ensuite toute sa vie, risquant plus tard la mort dans un engagement militaire de la Commune pour tenter de protéger un chat pris sous la mitraille des deux camps opposés.

La cruauté des paysans du voisinage envers les animaux, les jeux des enfants qui torturaient des oiseaux, des chats ou des chiots lui faisaient horreur :

J'aurais voulu que l'animal se vengeât, que le chien mordît celui qui l'assommait de coups, que le cheval saignant sous le fouet renversât son bourreau.

Elle ne songeait sans doute pas à l'époque à changer le monde, mais elle donnait des fruits, des légumes, de l'argent qu'elle dérobait à ses grands-parents. On venait parfois les remercier de leurs dons et cela causait des scènes dont elle riait. Un jour, son grand-père lui proposa vingt sous par semaine sous réserve qu'elle cesse ses larcins.

Tout allait à peu près bien à Vroncourt. Son père Laurent s'était marié et avait eu deux enfants qui témoignaient beaucoup d'affection à leur demi-sœur et ne l'abandonnèrent jamais malgré ce que l'on prétendra par la suite pour satisfaire à l'image de la révoltée héroïque. En 1904, un rapport de police fait état d'un séjour de Louise, chez une Madame de Mahis. En outre, un Charles de Mahis, directeur d'assurances serait intervenu en sa faveur lors d'un de ses nombreux procès avec les autorités judiciaires de l'époque.

Mais le 30 novembre 1845, son grand-père Charles-Etienne de Mahis mourut.

A cette époque Louise pense consacrer sa vie à Dieu. Elle prend conscience de la fragilité de son existence et entrevoit avec angoisse, le jour où sa grand-mère la quittera, laissant sa mère Marianne et elle-même, seules et sans appui.

Je ne puis vous dire toutes les impressions de mon enfance. C'est un mélange de douleur, de joie, de rêves, de destinée et de cette idée de fatalité à laquelle croyait ma mère.

Je me rappelle qu'un jour une vieille femme me berçait dans ses bras en me disant d'aller dormir dans le cimetière.

Une autre fois, c'était des jeunes filles qui me disaient d'aller chez mon père et qui riaient parce que je pleurais.

Ces paroles me sont toujours restées dans le cœur comme une malédiction.

Elle raconta à Victor Hugo un épisode de son enfance qui ne put que la blesser pour toute sa vie d'adulte.

Un jour, mon père vint à la maison avec un notaire : c'était pour se marier avec une autre que ma mère. Je me rappellerai toujours l'impression que je ressentis et combien je pleurais à genoux, dans cette petite chambre à fenêtre grillagée où j'étais venue au monde. Je demandais à Dieu de lui donner des enfants qui l'aiment comme je l'aurais aimé...

On essaie de la marier. Le mariage était alors le seul avenir raisonnable pour une jeune fille de sa condition. Au contraire de sa mère, aux yeux souriants et doux, Louise n'était pas jolie. Elle est d'ailleurs franchement laide. Voici le portrait que fait d'elle Laurent Tailhade à la fin de sa vie :

Un visage aux traits masculins, d'une laideur de peuple ; un front ovale de poète ou de prophète et rudement implanté sur les tempes viriles, un bandeau pesant de cheveux gris ; une tête énergique. Laideur, certes, mais laideur à la Mirabeau, à la Danton, laideur qui subjugue les foules....

Cette laideur qui fut la première impression que ressentirent ceux qui l'approchèrent durant sa vie, s'effaçait toutefois bien vite devant la douceur extraordinaire de sa voix et la bonté exprimée par ses yeux. Elle était en outre de naissance illégitime. Tout cela, n'était pas rédhibitoire, car les de Mahis lui assuraient une dot. Deux prétendants la demandèrent en mariage vers l'âge de quinze ans. Elle se moqua du premier, un officier à qui elle proposa d'aller tuer Napoléon III pour prix de sa main... et menaça l'autre de lui faire jouer le rôle de Georges Dandin. Cette allusion à une pièce mettant en scène une fille noble qui, mariée à un roturier, le lui fait durement regretter est assez étonnante chez Louise qui prétendra toujours avoir fait fi de son ascendance aristocratique.

Il est certain que Louise n'avait pas la vocation du mariage, même si ses idées là-dessus n'étaient pas alors aussi claires qu'elles le devinrent par la suite. Son éducation bien supérieure à la moyenne, sa personnalité qu'on avait laissée se développer librement n'en faisaient pas, en tout cas, le prototype idéal d'une jeune fille du temps de Louis-Philippe, future épouse obéissante d'un bon bourgeois provincial. Pour ma part, écrira-t-elle plus tard, reprenant une expression de Voltaire sur le rôle des femmes mariées, je n'ai pas voulu être le potage de l'homme et je m'en suis allée à travers la vie avec la vile multitude, sans donner d'esclaves aux césars. En fait ce que Louise désirait confusément, c'était un grand amour pour un homme qui en fût digne à ses yeux. Et elle aima d'un amour profond le révolutionnaire Ferré qu'elle rencontra dans des réunions politiques quelques mois avant la Commune.

Depuis la mort de son grand-père, Louise pour gagner sa vie donnait des leçons de piano. Une jeune fille, Adeline Beaudoin, qui regrettait les leçons de musique de son couvent, allait au château de Vroncourt prendre des cours. Cinquante ans plus tard, la vieille demoiselle se souvenait encore de Louise, de Madame de Mahis, du vieux piano si usé que les touches ressemblaient à de " petites cuillers " et des déjeuners dans la salle à manger. Dans la pièce, il y avait encore un lit recouvert de soie noire, sur lequel était déposée une épée ornée d'un long crêpe des deuils éternels : l'épée du vieux Charles-Etienne de Mahis.

La mort de Madame de Mahis survint cinq ans après la mort de son mari, le 23 octobre 1850.

Afin d'assurer l'avenir de Louise, les de Mahis lui avaient laissé un héritage de huit à dix mille francs. Comme Louise n'était pas majeure, ils lui avaient donné comme tuteur, un juge de paix et un notaire. Ces derniers gardiens du patrimoine et des intérêts de la famille légitime, prirent tout de suite des mesures conservatoires. Ils écriront d'ailleurs à ce sujet à la femme de son père qu'ils ont affermi Louise dans sa volonté de célibat.

Le château de Vroncourt doit cependant être vendu, la veuve de Laurent de Mahis ayant décidé de s'en séparer. Elle admet d'ailleurs difficilement de devoir partager l'héritage de ses beaux-parents avec la fille née des amours ancillaires de son époux décédé. Elle s'élève même contre l'habitude prise par Louise de signer Louise de Mahis et demande à ses tuteurs de faire cesser cette pratique. On imagine combien de telles mesquineries ont pu rendre Louise malheureuse.

Dans son désespoir, elle cherche refuge auprès de Victor Hugo :

Hugo, vous comprendriez qu'un prisonnier aimât le seul rayon de soleil qui brillerait dans sa solitude. Laissez-moi vous dire tout ce que je pense, comme si vous étiez là, devant le foyer et dans le fauteuil vide de ma grand-mère, vos mains dans les miennes, ainsi que nous restions de longues heures, le soir, elle et moi...

Elle lui envoie un récit de sa vie pour lui seul. Ce sont des pages romantiques qui durent plaire au poète : le château presque en ruine avec sa légende de malédiction : " mais je n'y ai jamais vu que les rayons de lune qui dorment dans l'herbe et l'étang, où les roseaux se plaignent comme des voix, et les saules qui paraissent se pencher sur l'eau, quand l'Angélus sonne au village, comme pour saluer Marie... " Elle lui confie ses peines qui remontent en elle, depuis que ses grands-parents ne sont plus là pour les apaiser.

En mars 1851, elle écrit encore :

" Oh non. La lettre que je vous ai écrite ne sera pas la dernière, comme je vous le disais dans un de ces instants de découragement, où je doute de tout, excepté de vous. N'êtes-vous pas un frère pour moi, Hugo. Et plus qu'un frère, car nous n'avons qu'une âme.

Celle qui s'est donnée à Dieu .

Elle lui envoie aussi des poèmes qu'elle voudrait voir publier dans l'Evénement sous un pseudonyme masculin :

" Il me semble que si on ne savait que ce fût une femme, les idées qui s'y trouvent pourraient faire quelque impression ."

Dans ces vers, A la Patrie, Louise implore l'amnistie pour les fauteurs de troubles et s'élève contre la loi sur la déportation :

Royalistes ou républicains,
Qu'importe le sceptre des rois,
La baïonnette citoyenne,
Les lys ou le vieux coq gaulois...
Car tout cela ensemble
C'est la France de Charlemagne
De Jeanne d'Arc ou de Henri.....

Elle demande une amnistie générale afin de rétablir l'unité de la Nation dans un pardon qui engloberait à la fois le peuple révolutionnaire et les royalistes.

Rendons et famille et Patrie
Aux fils du peuple, aux fils du roi

> *Que le pardon soit notre règle :*
> *Et Dieu protégera la France...*

Ce poème est d'ailleurs assez étonnant quand on connaît la vie de celle qui l'écrit.

Que fait-elle des leçons de son grand-père de Mahis sur la Révolution ?
A l'époque, la demoiselle du château de Vroncourt est une jeune fille bien pensante.

> *Grâce pour les descendants*
> *Oh grâce au nom de Louis Seize*
> *Pour les fils de la royauté.*

Ce texte est signé Louise Michel de Mahis.

Cependant, Marianne, plus réaliste et qui a survécu à bien des déboires et des misères, s'inquiète pour l'avenir de sa fille. La pauvre servante a du mal à comprendre que l'on puisse envisager de gagner sa vie en écrivant des poèmes ou en faisant de la musique. Il faut vivre.

Ayant rejeté la solution du mariage, n'ayant pas donné suite au vœu d'entrer au couvent qu'elle avait fait à la mort de son grand-père, il ne lui reste d'autre issue que la profession d'institutrice. Jusqu'à vingt ans, Louise avait eu une existence privilégiée. Maintenant, elle doit affronter la vie face à face et sans appui. Celle qu'on appelait, dans le pays, mademoiselle de Mahis est morte. Louise Michel, institutrice laïque doit naître.

Institutrice laïque

Ayant obtenu son diplôme d'institutrice, Louise, le 27 septembre 1852, fait sa déclaration d'ouverture d'une école à Audeloncourt où sa mère réside. Le maire lui accorde le certificat nécessaire :
 " Louise Michel munie d'un brevet de capacité pour l'enseignement primaire, nous a fait la déclaration suivante, accompagnée des pièces voulues par la loi, conformément à l'article 27 de la loi du 15 mars 1850 sur l'enseignement et le décret du 7 octobre de la même année, la soussignée déclare à monsieur le Maire de la commune d'Audeloncourt être dans l'intention d'ouvrir ici une école de jeunes filles rue du Ham. "
 Elle envoie également des poèmes à l'Echo de la Haute Marne.
 Ces poèmes sont fort bien-pensants et peuvent étonner chez Louise qui fera plus tard profession d'anti-cléricalisme.

 " *Jésus sur son épaule avait penché la tête. Il s'éleva partout un souffle de tempête* ".

 " *Et toute clarté s'éteignit.* "

 " *L'horrible mort trembla, les rochers se fendirent. Et comme le Christ mourait, les tombes se rouvrirent.* "

La mort de Monseigneur Sibour, assassiné par un prêtre à Saint-Etienne du Mont lors d'une cérémonie en l'hommage à Sainte Geneviève, frappa son imagination et lui inspira un texte aux accents indignés :

Mais quand l'impie armé vient frapper sa victime
Jusqu'aux pieds des autels, quand au fond du saint lieu
De notre siècle étrange, épouvantable crime,
Le sang du prêtre enfin se mêle au sang de Dieu...

Cet hommage à une éminence religieuse qui s'est ralliée à l'Empire et que Victor Hugo en exil maudit, a le droit de surprendre de la part de cette républicaine que Louise prétendra avoir toujours été ; c'est d'ailleurs ce que lui reproche Edith Thomas dans l'ouvrage qu'elle lui a consacré et où elle écrit :

" Certes, je ne reproche pas à Louise Michel d'avoir été fervente catholique ; ce que je lui reproche c'est de l'avoir déguisé et de se donner, dès son enfance, comme la révolutionnaire qu'elle est devenue par la suite. C'est une conception de la vérité historique recréée après coup qui m'a paru toujours très gênante. D'autant plus que dans le cas de Louise Michel, il y a une grande logique intérieure qui mène de sa piété et de sa foi religieuse à son sentiment de la justice et à sa foi révolutionnaire. "

Elle ne négligea pas pour autant ses préoccupations sociales et humanitaires. En septembre 1853, l'institutrice écrit au Préfet de la Haute-Marne pour lui suggérer de lutter contre la misère dans le département :

" *Il faut faire un bureau de bienfaisance, créer des chantiers, des ateliers publics, partout où l'ouvrage est rare ; car le pain manque, faute de travail et quand le pain manque on trouve de la poudre et des balles...* "

Au terme de l'année scolaire, Louise obtint un poste à Paris et ferme son école, mais elle doit revenir quelques mois plus tard en Haute-Marne, préoccupée par la santé de sa mère.

Elle écrit donc au maire d'Audeloncourt, le 3 novembre 1854 et au Préfet le lendemain :
" Monsieur le Préfet, ayant été obligée de quitter Paris, où monsieur le Recteur de la Haute-Marne avait bien voulu me placer, pour revenir près de ma mère assez gravement malade et ne pouvant ni la quitter dans l'état où elle se trouve encore, ni rester plus longtemps sans occupation, j'ai l'honneur de vous prévenir que mon intention est de rouvrir l'école de jeunes filles que je tenais l'hiver dernier dans ce village, ainsi que je l'ai déclaré à monsieur le maire d'Audeloncourt, le 3 novembre dernier."

Grâce à une amie elle devient maîtresse d'école à Chaumont en dépit de l'ennui qu'elle ressent et qui transparaît dans un poème qu'elle écrit à l'époque à Victor Hugo :

Qui donc sera mon guide ? Est-ce Mozart ou toi ?
Je veux voir par-delà les routes de la terre
Si, dans quelque phalange, il y a place pour moi...

Elle collabore également à l'Echo de la Haute-Marne où elle publie un récit historique qui a le mauvais goût pour l'époque de comparer Napoléon III à un despotique empereur romain. Accusée d'avoir insulté Sa Majesté l'Empereur, elle est menacée d'être envoyée à Cayenne, mais les choses en restent là !

Ces événements n'arrangent toutefois pas ses affaires financières et loin d'aider sa mère à vivre, comme elle le prétend, Louise continue plutôt à être à sa charge.

Il est vrai qu'à l'époque une institutrice était bien moins rémunérée qu'une cuisinière de maison bourgeoise et que la formation d'un élève-maître coûtait moins cher à l'Etat que l'entretien d'un cheval de cavalerie.

En 1865, Marianne vend les terres qui restaient aux de Mahis, pour acheter à Paris, une école à sa fille. Ce qui ne doit pas plaire à la veuve de son père, qui escomptait que les biens de Mahis qu'elle prétendait avoir été donnés à tort à cette fille naturelle reviennent à terme à leurs propriétaires légitimes.

Louise exulte, elle écrit à son ancien inspecteur d'Académie qui fut toujours l'un de ses protecteurs :

" Permettez-moi de vous annoncer le bonheur que j'ai eu de pouvoir enfin acheter un externat. Il me semble que c'est l'intérêt que vous m'avez témoigné, qui me porte bonheur. Je crois vous faire plaisir en vous l'annonçant. "

Louise s'installe dans sa nouvelle école avec Caroline Lhomme, vieille institutrice, qui avait appris à lire à tout Montmartre et mademoiselle Poulin qui demeura avec Louise jusqu'à sa mort.

Ses élèves l'aimaient. Ils gambadaient autour d'elle, en piaillant, criant, se pendant à sa vieille robe trouée, l'adorant, en étant adorés nous dit plus tard Clémenceau qui décrivit ainsi cette institution :

"Je ne puis pas dire que cette école soit absolument correcte, au sens où l'on l'entend à la Sorbonne. Cela tenait un peu de l'école du roi Pétaud. On y enseignait à tort et à travers des méthodes inconnues, mais en somme, on enseignait ".

Il est vrai que Georges Clémenceau, médecin de quartier à l'époque, et qui avait connu la prison politique sous l'Empire où il avait fait la rencontre de Blanqui, a toujours eu la plus grande admiration pour Louise Michel et la soutiendra toute sa vie, allant jusqu'à intervenir lui-même pour la soigner avec des calmants lorsqu'elle était victime de crises hallucinatoires violentes et que le bruit se répandait dans Paris qu'elle était devenue folle à lier à cause des sévices qu'elle avait subi au bagne et en prison.

Mais il ne s'agit pas seulement pour Louise d'apprendre les rudiments d'instruction aux enfants avec des méthodes qu'elle invente et dont certaines seront reprises dans la pédagogie moderne. Son intérêt s'étend aussi aux anormaux. Elle pense qu'on peut les éduquer, chercher à éveiller en eux des bribes d'intelligence. Bien en avance sur son temps, elle publie en 1861, une brochure " Lueurs dans l'ombre : plus d'idiots, plus de fous ", texte qu'elle a dû imprimer à compte d'auteur. Elle le dédie à sa mère : " Que ces pages lui portent le plus tendre des souvenirs. "

Elle cite en exergue quelques vers de Victor Hugo :

Je suis celui que rien n'arrête
Celui qui va
Celui dont l'âme est toujours prête

Enseigner aux enfants, aider les pauvres, soigner les malades, faire des lectures aux aveugles, essayer d'éveiller les âmes des idiots et des fous suffiraient sans doute à emplir une existence, mais Louise continue à écrire.

Elle s'interroge sur l'amour de Dieu, ce qui ne manque pas d'étonner :

Oui, si j'aimais d'amour, ce ne serait que Dieu,
Ou le démon rebelle, ange aux regards de feu
Dont le front resplendit de flammes et d'étoiles.

Elle adhère, sous le pseudonyme d'Enjolras, l'émeutier des Misérables, à l'Alliance des Lettres et prend part à une querelle qui oppose Alexandre Dumas à un obscur auteur d'ouvrages historiques qui rappelle à celui-ci son aïeule de race noire et la naissance illégitime de son père, de lui-même et de son fils.

Le grand-père de Dumas, aristocrate français, aurait laissé vendre les enfants nés de sa liaison avec une esclave noire avant de racheter le propre père de l'auteur.

« Enjolras » s'indigne, appartenant elle-même à l'Alliance des Lettres, elle ne veut pas se sentir solidaire d'une telle dénonciation calomnieuse, même si l'histoire est vraie.

De courtes vacances annuelles la ramènent en Haute-Marne, auprès de sa mère et de sa grand-mère maternelle qui sont heureuses de la retrouver. En 1864, Louise utilise son séjour pour intervenir en faveur d'une famille Bonnet, de Varennes-sur-Amance, trop pauvre pour faire valoir ses droits à un héritage. Elle écrit à un avocat pour qu'il prenne l'affaire en main : " Voudriez-vous employer votre beau talent à défendre ces malheureux." Elle lui enverra toutes les pièces nécessaires. " Et grâces vous seraient rendues par tout un pays qui serait enrichi par ce moyen. " Toujours généreuse, Louise ne connaît pas la nécessité d'une rémunération même pour les adeptes de Saint-Yves.

L'année suivante, elle revient avec une jeune amie de seize ou dix-sept ans, Victorine Louvet, qui deviendra par la suite, la femme du blanquiste Eudes et fera le coup de feu pendant la Commune. Louise lui montre le vieux château de Vroncourt et la campagne avoisinante.

Il n'y a rien de bien extraordinaire dans cette vie et l'on peut se demander comment Louise est devenue la révolutionnaire que nous connaissons en rejetant les dévotions de sa jeunesse.

Comme beaucoup de jeunes institutrices qui ne pouvaient accéder à l'Université, Louise s'est mise à suivre les cours d'instruction populaire de la rue Hautefeuille, dirigés par des Républicains comme Jules Favre l'avocat qu'elle aimait alors " comme un père ", Eugène Pelletan à qui elle communiqua un manuscrit " La sagesse d'un fou " qu'il eut le courage de lire et d'annoter en lui écrivant que ce serait un jour la sagesse des peuples.

A l'époque, ils étaient des amis, mais plus tard après l'échec de la Commune, ils se montrèrent d'une grande dureté avec les vaincus, dont Louise Michel elle-même qui ne fut protégée que par Clémenceau qui méprisait ouvertement il est vrai les fameux "Jules."

C'est là que Louise fera son apprentissage politique. Mais elle y apprendra aussi la physique, la chimie, l'algèbre, les mathématiques.

Quelques jeunes filles préparaient le baccalauréat dont l'accès venait de leur être ouvert, Louise y retrouvait sa passion pour l'étude :

" Je travaille pour mon examen de bachelier, écrivait-elle, et je compose des romances, paroles et musique. Vous voyez qu'aucune folie ne me manque."

Joyeuses et libres, ces jeunes filles ressemblaient plus à des étudiantes qu'à des institutrices.

L'un des professeurs de la rue Hautefeuille, qui présidait la Société pour l'Instruction Elémentaire, entraîna quelques élèves, dont Louise Michel, bien sûr, à l'école professionnelle de la rue Thévenot où elles rencontraient aussi le groupe du Droit des Femmes de Mesdames Jules Simon, Andrée Léo et Maria Deraismes. Le Droit des Femmes réclamait l'égalité de l'instruction pour les deux sexes (vieille revendication qui remontait à Christine de Pisan), et une rémunération suffisante du travail des femmes pour éliminer la prostitution. Louise avait séduit madame Jules Simon. Elle se proposa pour aller faire des conférences sur le travail des femmes, dans tous les quartiers.

" C'est un faible secours, mais le seul que je peux donner."

Louise s'est d'ailleurs engagée dans la grande lutte des femmes, sous le Second Empire. D'un côté, les anti-féministes éternels, incarnés à cette époque par Michelet, Emile de Girardin et surtout Proudhon, qui ne laissait aux femmes que le célèbre dilemme : êtres ménagères ou courtisanes ce qui eut sur le mouvement ouvrier français une influence si néfaste. De l'autre, Jenny d'Héricourt (« La femme affranchie, 1860 »), Julie Lambert (« Idées antiproud'honniennes sur l'amour, les femmes et le mariage 1861 »).

Madame Léo, devenue veuve, devait élever ses deux enfants grâce à sa plume (Les femmes et les mœurs). Les conférences calmes et mesurées de Maria Deraismes amenèrent beaucoup d'hommes à admettre qu'une jeune fille intelligente, cultivée et bien élevée pouvait parler en public sans déchoir. Maria Deraismes fut également la première femme admise au secret maçonnique, certains disant par félonie, car elle se serait déguisée en homme pour être initiée, mais elle le fut régulièrement et contribua ainsi à faire tomber un des Temples de la misogynie.

Louise Michel avait publié, en 1861, une réponse à un certain Junius, qui dans le Figaro avait pris parti contre les femmes qui se mêlaient d'écrire. Junius parlait au nom des " hommes de lettres." Louise lui répondit au nom des " femmes de lettres."

À la même époque, elle s'en prend à Michelet qui réduit la femme à son jardin, à sa maison, où elle se laisse, éternelle mineure, protéger et soigner.

" Le grand homme fait de la femme une idole, et une pauvre idole, car il faut que son mari, un assez piètre sire, la crée à son image. " Pour Louise -et elle a bien raison-, donner aux femmes l'idéal masculin comme but à atteindre est un bien médiocre objectif.

Les hommes regrettent que l'on ait appris à lire aux femmes. " Moi, je regrette que ceux qui se croient forts attaquent celles qu'ils croient faibles. "

Louise, qui s'est montrée la plus dévouée de toutes, devient secrétaire de la Société Démocratique de Moralisation, dont les buts sont d'aider les ouvriers à vivre de leur travail.

Mais Louise s'est aussi radicalisée en se rapprochant des blanquistes et en adhérant à l'Internationale.

C'est au printemps 1869, aux obsèques du journaliste Victor Noir assassiné par un cousin de Napoléon III, que Louise rencontre Théophile Ferré.

Il n'a alors que vingt trois ans.

Ferré porte une barbe noire qu'encadre une abondante chevelure, un nez fort et cassé, une voix pointue, des yeux sombres qui d'après de nombreux témoins, brillent d'une flamme étrange.

Elle fit rapidement preuve à son égard d'une grande passion alors qu'il ne lui donne en retour que son amitié. C'est ce jeune homme qui a fait de Louise Michel la révolutionnaire qu'elle est devenue.

Quand il prend la parole, c'est un exalté.

Le 6 janvier 1869, dans une réunion, rue Mouffetard, il déclare :

" La force qui nous opprime aujourd'hui, nous pourrons l'avoir un jour et nous écraserons la bourgeoisie. "

Il lance également à son auditoire des proclamations telles que :

" Je suis communiste au point d'imposer le communisme. "

Il va sans dire, qu'avec de tels discours en public, Ferré se retrouve plus d'une fois en prison à Sainte-Pélagie pour délit d'opinion.

Au procès de Blois, grand procès politique de la fin du Second Empire, à peine introduit dans la salle d'audience, il insulte les juges :

" Devant des hommes comme vous, on ne se défend pas. Faites-moi reconduire dans ma cellule. Je crains l'écœurement de ces débats. Puisque vous nous tenez, frappez ! C'est un bon conseil que je vous donne, votre tour viendra bientôt. Nous aurons bonne mémoire. "

En fait, il fit preuve de mémoire et parfois à mauvais escient. Quand il fut délégué à la Sûreté de la Commune, les détenus politiques tremblaient lorsqu'ils le croisaient toujours vêtu de noir, sur les coursives qui longeaient leurs cellules. Il n'hésita pas à ajouter à la liste des otages qui allaient être exécutés dans les quelques heures qui précédèrent la chute de Paris le nom de Monseigneur Darboy, et ce ne fut certainement pas une décision bien glorieuse.

Il va séduire Louise, et ce fut quoique déçu, un amour profond dont elle emporta le souvenir jusque dans la tombe.

Elle était une révoltée, une jeune institutrice idéaliste ; au contact de Théophile Ferré, elle va devenir une révolutionnaire.

Révolution et passion

Le 19 juillet 1870, la déclaration de la guerre à la Prusse par Napoléon III divisa profondément les esprits. Il ne manquait pas un bouton de guêtres, comme on le sait, à l'armée française et la guerre ne devait être qu'une promenade militaire. La foule parisienne criait : " A Berlin ! " Ceux qui s'opposaient à cette fureur imbécile étaient considérés comme des traîtres.

On connaîtra la même bêtise humaine quelques décennies plus tard et Bardamu, le héros de Louis Ferdinand Céline, décrira parfaitement ce départ vers la mort ; dans la ville les femmes hystériques, le colonel pète-sec en tête du régiment, les flons-flons, les sous-off rouleurs de mécaniques, mais une fois en rase campagne, la fête terminée, le silence angoissant avant le déchaînement de l'enfer. Les civils ont refermé les portes de la vie sur les condamnés à mort pour la gloriole, et il ne reste plus qu'à en découdre. Les héros d'un jour restent seuls en face d'autres malheureux aussi abrutis qu'eux par la peur.

La section française de l'Internationale adresse un appel désespéré aux ouvriers allemands :

" Frères d'Allemagne, au nom de la paix, n'écoutez pas les voix stipendiées ou serviles qui cherchent à vous tromper sur le véritable esprit de la France, nos divisions n'amèneraient, des deux côtés du Rhin que le triomphe complet du despotisme. "

Des cortèges composés d'étudiants, de blanquistes, d'internationalistes crient sur les boulevards leur opposition à la guerre et sont matraqués par la police. En revenant de l'une de ces manifestations, Louise écrit un poème brûlant :

Dans la nuit, on s'en va, marchant en longues files,
Le long des boulevards, disant la paix ! la paix !
Et l'on se sent subi par la meute servile
Ton jour, ô liberté, ne viendra-t-il jamais ?

Elle accuse Napoléon III d'avoir déclaré la guerre pour tenter d'assurer la survie de son régime :

Pour retarder un peu sa chute qui s'avance,
Il lui faut des combats, dût la France y sombrer....

Elle prédit la fin du régime :

Maudit, de ton palais, sens-tu passer ces hommes ?

C'est ta fin...

Et lance un défi :

Puisqu'on veut le combat, puisque l'on veut la guerre,
Peuples, le front courbé, plus tristes que la mort
C'est contre les tyrans qu'ensemble, il faut la faire
Bonaparte et Guillaume auront le même sort

Ce qui ressemble au couplet de l'Internationale " Qu'il sache bien ceux qui veulent faire de nous des héros, que nos premières balles seront pour nos généraux... "

Tout de suite, les hommes, qui avaient voulu la guerre, se montrent incapables de la faire. Les défaites françaises s'accumulent : à Froeschwiller et à Woerth (6 août), à Borny (14 août), à Gravelotte (16 août), à Saint -Privat (18 août). Le 30 août, le Général de Failly laisse surprendre le 5ème corps d'armée tout entier désarmé, capote bas, occupé à faire la soupe...!

Devant cette incapacité l'on ne peut se retenir de citer le colonel Rossel, alors capitaine du génie à l'armée de Metz lorsqu'il décrit dans une lettre à son père l'incurie de l'armée impériale :

" Cet hôtel - il s'agit de l'hôtel de l'Europe à Metz siège de l'Etat Major - était le reflet même de la guerre, un caravansérail où tout le monde entrait comme dans un moulin. Des journalistes y habitaient, des officiers y amenaient des femmes, ... "

Dès le 14 août, les blanquistes estimaient qu'il était temps d'en finir avec l'Empire, par un coup de force. Ils tentèrent de prendre sans succès la caserne de pompiers de la Villette. Une manifestation a lieu, le lendemain, sur les boulevards, et Louise, bien sûr y participe, mais ce fut un échec.

> " En avant ! Vive la République ! "
> Tout Paris répondra, tout Paris soulevé,
> Se souvenant enfin. Paris fier, héroïque
> Dans son sang généreux de l'Empire lavé
> Voilà ce qu'on croyait : la ville fut muette

Blanqui se réfugie en Belgique. Mais Eudes et Brideau sont arrêtés et condamnés à mort par un conseil de guerre. Le 31 août, dans la journée, Napoléon III lance un appel à son armée où il rejette la responsabilité du choix des chefs militaires sur les autres :

" Les débuts de la guerre n'ayant pas été heureux, j'ai voulu en faisant abstraction de toute préoccupation personnelle, donner le commandement des armées aux maréchaux que désignait plus particulièrement l'opinion publique.

Jusqu'ici, le succès n'a pas couronné nos efforts.

Soldats, soyez dignes de votre ancienne réputation. Dieu n'abandonnera pas notre pays pourvu que chacun fasse son devoir ..."

Le 1er septembre, en écho à cette déclaration parfaitement lâche et inconvenante, car il n'a rien fait pour empêcher cette guerre, c'est le désastre de Sedan, l'armée capitule, Napoléon III, Empereur des Français remet son épée à son bon frère Guillaume :

" Monsieur mon frère,

N'ayant pu mourir à la tête de mes troupes, il ne me reste qu'à remettre mon épée entre les mains de votre Majesté.

Je suis de votre Majesté, le bon frère.... "

Le Roi de Prusse, qui croyait que Napoléon III avait quitté Sedan est stupéfait de la nouvelle, il lui répond :

" Monsieur mon frère,

En regrettant les circonstances dans lesquelles nous nous rencontrons, j'accepte l'épée de votre Majesté.

Je suis de votre Majesté, le bon frère. "

Bismarck, plus terre à terre, car il pense à la poursuite des opérations armées, s'interroge :

" Quelle est l'épée qui a été rendue ? Est-ce celle de la France ou celle de l'Empereur ? "

Le 4 septembre 1870, la Révolution balaie l'Empire.

Dans les jours d'enthousiasme qui suivent, Victor Hugo revient d'exil en triomphateur. Louise Michel va voir le poète à qui elle n'a jamais cessé d'envoyer des poèmes :

> *Amis, l'on a la République.*
> *Le sombre passé va finir.*
> *Debout tous, c'est l'heure héroïque*
> *Fort est celui qui sait mourir.*

Jules Favre, sur les marches de l'Hôtel de Ville l'étreint dans ses bras, alors qu'il la rencontre en compagnie de Ferré et de Rigault, en les appelant ses " chers enfants. " Quelques mois plus tard - à l'heure des comptes et de la fin de la Commune - il réclamera pourtant sans vergogne leurs têtes.

Dans Paris assiégé depuis le 19 septembre, Louise Michel continue à s'occuper de ses élèves : deux cents filles de six à douze ans qu'elle instruit. Cette école est doublée d'un asile, qui recueille les petits enfants de trois à six ans dont les parents étaient venus des campagnes environnantes se réfugier à Paris, avant que la ville ne fût investie. Marianne Michel s'occupait des plus jeunes avec l'aide des " grandes " de douze ans.

Mais ces enfants, il fallait d'abord les nourrir et, pendant le siège, ce n'était guère aisé. Le maire de Montmartre, Georges Clémenceau, leur assurait du lait, des légumes, de la viande de cheval, souvent même quelques friandises. Plus tard, au cœur de l'hiver, il n'y eut que huit livres de pain pour cinquante enfants, du vermicelle, de la graisse et de quoi faire deux ou trois pot-au-feu de cheval par semaine. Beaucoup d'enfants moururent de faim et de froid pendant cette période. Grâce à Clémenceau, les enfants de l'asile de Louise Michel étaient encore parmi les privilégiés.

Le maire de Montmartre, fervent disciple de Blanqui, qui avait été emprisonné à Mazas pour ses opinions républicaines et Louise Michel avaient d'ailleurs les mêmes conceptions de la vie, de la charité et de l'entraide. Clémenceau avait envoyé aux institutions de son arrondissement une circulaire qui établissait la séparation de l'Eglise et de l'Etat et fondait l'école laïque : les enfants étaient libres d'aller au catéchisme, mais les maîtres n'étaient plus obligés de les y conduire. Louise avait accueilli cette mesure avec enthousiasme.

Elle était devenue, en effet, furieusement anticléricale et avait écrit à la Marseillaise, une lettre dénonçant les ouvroirs religieux " qui affamaient les familles " et les écoles religieuses " qui n'ouvraient leurs portes qu'aux enfants de la bourgeoisie ". Et, elle, qui dans son adolescence envisageait d'entrer au couvent, se mit à écrire qu'il était temps que les filles de Torquemada disparaissent. Pour Louise, la révolution qui s'annonce saura fonder des écoles démocratiques pour les enfants et donner du travail à leurs familles.
Sous l'influence des blanquistes, et des internationalistes, se sont organisés le Comité central de la garde nationale et le Comité des vingt arrondissements de Paris. Louise Michel appartient à la fois aux deux comités de vigilance du dix-huitième arrondissement : celui des femmes et celui des hommes. Celui des femmes, avec mesdames Poirier, Béatrix Excoffon et Blin, était chargé de répartir le travail, de recevoir et de distribuer les secours, de visiter les malades et les indigents, de les faire soigner à domicile, rien que des activités très classiques pour des femmes à qui on réserve - toujours - ces tâches.

Le comité de vigilance des hommes était lui, politique et révolutionnaire : Ceux qui s'y réunissaient étaient absolument dévoués à la Révolution. Louise s'y sentait plus à l'aise.

D'ailleurs, on ne s'inquiétait guère à quel sexe on appartenait pour faire son devoir.

Parmi ces " individualités si hautes ", il y avait bien entendu le blanquiste Théophile Ferré, son âme sœur, cet être pur et farouche, qu'elle avait attendu en vain si longtemps, celui dont elle avait évoqué le visage dans la nuit de l'Empire et qui sera comme elle l'a déclaré le seul homme de sa vie bien qu'il soit certain qu'ils ne dépassèrent jamais le stade d'une relation platonique.

Pendant ce temps la guerre continue, Paris encerclé entièrement par les Prussiens depuis la fin du mois de septembre apprend la capitulation de Metz le 27 octobre 1870.

Le 31 octobre, une manifestation populaire s'organise sur la place de l'Hôtel de Ville. Cette fois, le peuple en colère ne crie plus " Vive la République ", comme le 4 septembre mais " Vive la Commune. "

Le gouvernement provisoire prend peur et promet des élections municipales.

Cette journée de lutte inspire à Louise un poème :

Le trente et un octobre sonne.
Doublez vos gardes, Messeigneurs,
La vile multitude tonne,
Fermez vos portes aux vengeurs...

Louise échappe à l'arrestation, mais le 1er décembre 1870, elle est emprisonnée pour avoir pris part à une manifestation de femmes.

Le 7 janvier 1871, les délégués des vingt arrondissements, Ferré, Vaillant, et Vallès, font afficher un texte qui est connu sous le nom de " l'Affiche rouge " :

" Le gouvernement qui, le 4 septembre, s'est chargé de la défense nationale, a-t-il rempli sa mission ?

Non !

Il y a dans Paris cinq cent mille combattants contre deux cent mille Prussiens qui nous étreignent. Or le gouvernement républicain s'est refusé à faire la levée en masse, le gouvernement républicain a laissé en paix les bonapartistes et a emprisonné les républicains. Le gouvernement républicain n'a su ni administrer, ni prévoir, ni combattre. Si ce régime se perpétue, c'est la capitulation. Le peuple de Paris, le peuple de 89 l'attendra-t-il dans un désespoir inerte ?

Au nom de Paris, Ferré, Vaillant et Vallès réclament le réquisitionnement général, le rationnement gratuit, l'attaque en masse et concluent leur proclamation par un vibrant :

" Place au peuple ! Place à la Commune. "

En réponse, Trochu déclare qu'il ne capitulera jamais et prépare une offensive qui n'aboutit qu'à la sanglante sortie de Buzenval le 19 janvier1871.

Les gardes nationaux qui en reviennent décimés (le père du Général de Gaulle y sera blessé), ont compris que cette aventure mal préparée, mal commandée, n'avait d'autre but que de prouver aux Parisiens l'impossibilité de toute résistance. Trochu est remplacé par Vinoy, et le général Clément Thomas qui sera exécuté le 18 mars 1871 par les Parisiens révoltés appelle la Garde Nationale, non pas à se battre contre les Prussiens, mais à se lever toute entière pour frapper les factieux, en l'occurrence le peuple de Paris.

Furieux, floués, décimés, trahis, les gardes nationaux et les clubs décident le 21 janvier de se retrouver le lendemain place de l'Hôtel de Ville. Pendant la nuit, un coup de main a délivré de la prison de Mazas, Flourens et les autres révolutionnaires qui y étaient détenus.

Le 22 janvier 1871, la foule est au rendez-vous devant l'Hôtel de Ville. Louise Michel et les femmes du Comité de vigilance de Montmartre sont là aussi.

Louise a revêtu pour l'occasion, l'uniforme de la Garde Nationale et elle s'est armée d'un fusil. La foule crie : " Pas d'armistice ! Guerre à outrance ! Vive la Commune. "

On envoie des délégués à l'Hôtel de Ville mais le proudhonien Chaudey, Chef du service d'ordre, refuse de les laisser passer : quelques secondes plus tard, une fusillade balaie la place, Trochu a fait tirer sur la foule.

C'est la première fois que Louise entend siffler les balles et elle y répond avec une sorte de fureur joyeuse :

" La première fois qu'on défend sa cause par les armes, on vit la lutte si complètement qu'on n'est plus soi-même qu'un projectile. "

Cependant, elle garde son jugement.

Ces ennemis que le peuple de Paris trouve en face de lui, ce sont ses frères, des frères égarés, obligés de défendre une cause qui n'est pas la leur.

Le soir même, les clubs sont interdits, dix-sept journaux supprimés, des " meneurs " arrêtés. Flourens qu'on venait à peine d'arracher à la prison de Mazas, est de nouveau condamné à mort par contumace, ainsi que Blanqui et Pyat. Le 29 janvier, Paris désemparé apprend qu'une armistice a été conclue avec les Prussiens comportant : le désarmement de l'enceinte fortifiée, la reddition de l'armée à l'exception d'une division, l'occupation des forts, le paiement sous les quinze jours de deux cent millions de francs d'indemnité.

En dépit de ce contexte, alors qu'une grande partie de l'est et du nord de la France est occupée, des élections nationales ont lieu le 8 février 1871 et une assemblée est élue. La province non occupée y avait envoyé ses notables les plus conservateurs avec à leur tête, Thiers, symbole même de la bourgeoisie, parmi les élus de Paris, il n'y avait que six partisans de la paix.

Les préliminaires de cette paix furent signés le 26 février.

La France devait payer à la Prusse cinq milliards de francs, lui céder l'Alsace moins Belfort et le tiers de la Lorraine. Comble du déshonneur : l'armée victorieuse devait entrer dans Paris.

Thiers adresse le 17 mars 1871, une proclamation aux Parisiens :

" Depuis quelque temps, des hommes mal intentionnés, sous prétexte de résister aux Prussiens, se sont constitués les maîtres d'une partie de la ville... Un comité occulte prétend commander seul à la Garde Nationale et méconnaît ainsi l'autorité du Général d'Aurelles de Paladine.

Ces hommes affichent la prétention de vous défendre contre les Prussiens qui n'ont fait que paraître dans vos murs, braquant les canons qui, s'ils faisaient feu, ne foudroieraient que vos maisons, vos enfants et vous-mêmes.

Sans doute, le gouvernement aurait pu déjà reprendre les canons, emprisonner les criminels, mais il a voulu donner aux hommes trompés, le temps de se séparer de ceux qui les trompent.

Cet avertissement donné, vous nous approuverez de recourir à la force. "

De son côté, le général d'Aurelles de Paladine appelle les " bons " gardes nationaux à défendre leur cité, leurs foyers, leurs familles et leurs propriétés.

Dans la nuit du 17 au 18 mars, Thiers décide de s'emparer des canons que la Garde Nationale gardait à Montmartre, à Belleville et aux Buttes-Chaumont.

Le Comité de vigilance du XVIIIème arrondissement donne l'alerte. Louise écrivit à ce sujet :

" Dans l'aube qui se levait, on entendait le tocsin ; nous montions au pas de charge, sachant qu'au sommet il y avait une armée rangée en bataille. Nous pensions mourir pour la liberté. On était comme soulevés de terre...

La butte était enveloppée d'une lumière blanche, une aube splendide de délivrance. "

Le général Lecomte donna l'ordre de tirer sur la foule, mais un sous-officier cria :

Crosse en l'air !

Et l'on assista à la fraternisation entre les femmes, les gardes nationaux et les soldats.

Le soir, rue des Rosiers, le général Lecomte qui avait donné l'ordre de tirer, et le général Clément Thomas, connu comme l'un des responsables des massacres de juin 1848, furent fusillés. Quant aux autres officiers faits prisonniers, Ferré les fit mettre en liberté. Il écrira par la suite, qu'il n'avait pas voulu à cette occasion de cruautés inutiles.

Dès le 18 mars, Paris est aux mains des insurgés. Le drapeau rouge flotte sur l'Hôtel de Ville.

Ferré, et bien sûr Louise Michel proclament qu'il faut immédiatement marcher sur Versailles où s'est réfugié le gouvernement de Thiers.

Revenant sur ces événements, Louise écrira plus tard :

" La victoire était complète. Elle eût été durable, si le lendemain, en masse, on fût parti pour Versailles... Beaucoup seraient morts en route, mais la victoire eut été acquise. Mais, la légalité, le suffrage universel, tous les scrupules de ce genre qui perdent les révolutions entrèrent en ligne comme de coutume et conduisirent à notre échec. "

Par affiches, le Comité central de la Garde nationale fait connaître sa volonté aux Parisiens. Il remercie d'abord l'armée de n'avoir pas voulu porter la main sur " l'arche sainte des libertés " et appelle Paris et la France à jeter ensemble les bases d'une République qui mettra fin aux invasions et aux guerres civiles. Il convie le peuple de Paris à faire de nouvelles élections. En attendant, il lève l'état de siège, rétablit la liberté de la presse, abolit les conseils de guerre, accorde l'amnistie aux condamnés politiques, et envoie des représentants dans tous les ministères désertés par leurs titulaires, pour en assurer le fonctionnement.

Le 25, le Comité central donne des instructions à la population parisienne, pour les élections municipales : " Les hommes qui vous suivront le mieux, sont ceux que vous choisirez parmi vous, vivant votre vie, souffrant des mêmes maux. "

Le 28 mars 1871, devant l'Hôtel de Ville, le Comité central passe solennellement ses pouvoirs à la Commune de Paris.

Avec enthousiasme, Louise suit les réalisations de la Commune qui lui donnent sa grandeur historique : la restitution des objets déposés au Mont-de-Piété de moins de vingt cinq francs, l'octroi de pensions alimentaires aux fédérés blessés, pensions réversibles sur les femmes légitimes ou non, sur leurs enfants légitimes ou naturels, suppression du budget des cultes, élection des magistrats, suppression des amendes dans les ateliers, suppression du travail de nuit...etc...

Elle s'intéresse également aux aspects intellectuels de la Commune qui crée une commission fédérale d'artistes, où se retrouvent Corot, Courbet, Daumier et Manet. Elle résuma d'ailleurs parfaitement cette ambiance dans cette phrase qui aurait pu servir de slogan aux événements de mai 1968 :

" On voulait tout à la fois, arts, sciences, littérature, découvertes. La vie flamboyait. On avait hâte d'échapper au vieux monde... "

En tant qu'institutrice, Louise se passionne pour la réforme de l'enseignement. Des groupes comme l'Education nouvelle, la Société des Amis de l'Enseignement pensent que le temps est venu de rénover l'éducation traditionnelle et de former les enfants dans le but d'en faire des citoyens responsables. Louise envoie à la Commune une méthode qui est le résultat de son expérience professionnelle personnelle. Il s'agit d'enseigner aux enfants le plus possible de notions élémentaires avec le moins de mots possibles et qui leur soient toujours compréhensibles. Elle fait appel aux facultés visuelles et prévoit de grands tableaux représentant les principaux événements de l'histoire et les cinq parties du monde. Mais il ne suffit pas seulement de développer l'intelligence des enfants. Il faut aussi leur inculquer une morale très haute et sans sanction :

" Que le développement de la conscience soit assez grand pour qu'il ne puisse exister d'autres récompenses et d'autres punitions que le sentiment du devoir accompli ou de la mauvaise action. "

Morale toute laïque, sans référence à une religion quelconque, dont elle laisse le choix aux parents.

C'est là une concession d'importance. Car Louise est devenue furieusement anticléricale et antireligieuse. Dans la Patrie en danger, elle avait déjà assimilé les ouvroirs religieux à des " foyers de corruption. "

Au nom du Comité de vigilance des femmes du XVIIIème arrondissement, elle demande aux membres de la Commune :

" Que des écoles professionnelles et des orphelinats laïques soient immédiatement établis en place des écoles et orphelinats des ignorantins et ignorantines . Car il ne faut plus que nos fils aillent aux boucheries des rois et nos filles servent de pâture aux passions... " Ce qui est bien joliment dit s'agissant de la prostitution...

Mais elle a bientôt d'autres actions à mener.

Revêtue de l'uniforme de la Garde nationale, elle fait partie du 61ème bataillon de marche de Montmartre et participe aux actions militaires de Moulineaux et de Clamart, avec une bravoure dont porte témoignage le Journal Officiel de la Commune :

" Dans les rangs du 61ème bataillon combattait une femme énergique. Elle a tué plusieurs gendarmes et gardiens de la paix. "

Il existe aussi un témoignage qui décrit Louise à Clamart, coiffée d'un képi, chaussée de godillots, montant la garde, seule, en pleine nuit, pour que les hommes éreintés puissent aller se reposer.

Clémenceau, lui, la vit à Issy :

" Pour empêcher qu'on tuât, elle tuait... Jamais je ne la vis plus calme. Comment elle ne fut pas tuée cent fois sous mes yeux, c'est ce que je ne puis comprendre. Et je ne la vis que pendant une heure. "

Cependant, le dimanche 21 mai 1871, alors que la Commune a organisé un concert et qu'à l'Hôtel de Ville on délibère sur l'abolition des titres de noblesse, comme s'il n'y avait rien de mieux à faire, les soldats versaillais des généraux Douay, Cissey, Ladmirault et Vinoy étaient entrés dans Paris, par le quartier du Point du Jour, porte de Saint Cloud.

Au soir du lundi 22 mai 1871, l'Etoile, l'Elysée, l'Ecole militaire sont investies. Le 23 mai, Montmartre et les Batignolles sont occupés par les tenants de la répression.

Et pendant une semaine, c'est la lutte finale, admirable contre les soldats de Thiers, rue par rue, maison par maison, barricade par barricade, hommes, femmes et enfants liés.

La répression versaillaise fut atroce et ne s'arrêta que lorsque l'on ne sut plus que faire des cadavres. - 30 000 morts en deux semaines - qu'on incinérera dans les casemates des forts ou qu'on empilera dans les charniers en banlieue.

Dans un article du Figaro, Paul Bourget qui fut le spectateur de ces tueries et que l'on ne peut créditer de sympathie excessive pour les communards écrivit à propos des troupes de Versailles :

" Ce ne sont plus des justiciers accomplissant un devoir, ce sont des êtres retournés à la nature de fauves... "

La fin de la Commune, c'est aussi la fin d'un amour pour Théophile et Louise. Ils ont été de tous les combats. Elle a éprouvé une véritable passion pour lui qui a semblé en revanche plus réservé à son égard, mais les affres partagées de la prison, l'attitude pleine de grandeur et de défi de Théophile Ferré lors de son procès, son exécution dans des conditions innommables et pour elle le bagne et l'éloignement en Nouvelle- Calédonie, vont exalter l'amour qu'elle lui portera toute sa vie.

Elle ne prononcera plus jamais son nom en public. Au contraire, par une pudeur d'amoureuse, elle le taira mais sans cesse, lorsqu'elle évoquait les martyrs de la Commune, elle revenait sur l'homme de sa vie qui avait été fusillé à Satory.

Face aux Juges

Le 28 juin 1871, le Capitaine Briot, substitut du procureur au 4ème Conseil de guerre, fait extraire Louise, de prison et commence son interrogatoire.

Louise s'explique sur son école en prenant soin de disculper sa mère et Malvina Poulain qui exerçait avec elle.

Elle expose sa morale qui n'a d'autre sanction que celle de la conscience.

Les chants qu'elle apprenait à ses élèves ?

La Marseillaise !

Son activité pendant la Commune ?

Elle était à la tête d'une ambulance volante !

C'est à ce titre qu'on l'a vue aux Moulineaux, à Clamart, à Montrouge, à Neuilly et, quand les Versaillais sont entrés dans Paris, elle est allée au cimetière de Montmartre, pour continuer à soigner les blessés.

Elle déclare avoir été membre de la Commission du Travail, de la Société de Secours pour les victimes de la guerre, de la Société des Libres-penseurs et du Droit des Femmes.

En plus de ses cours, elle donnait des leçons de dessin et de musique.

Louise, dans ce premier interrogatoire ne se montrera pas à visage découvert. Elle n'avoue que ce qu'elle ne peut nier et dissimule les actions les plus graves qu'on pourrait lui reprocher.

Ses réponses méritent d'être vérifiées, Briot la fait reconduire en cellule.

En prison, Louise continue de soutenir ses co-détenues. Elle demande aussi à l'abbé Folley, l'aumônier, de l'aider à correspondre avec Théophile Ferré.

Théophile avait déjà comparu devant le troisième Conseil de guerre.

Il était accusé d'avoir donné l'ordre de fusiller les généraux Lecomte et Thomas, d'avoir incendié le Palais de Justice, d'avoir fait exécuter des otages dans la cour de la prison de la Roquette.

Alors que tant de membres de la Commune ne se montrèrent pas devant les tribunaux à la hauteur de leur destin, Ferré se défendit avec courage et dignité. Sa déclaration finale mérite d'être citée. Elle est digne de l'homme que Louise aimait :

" Membre de la Commune de Paris, je suis entre les mains des vainqueurs. Ils veulent ma tête, qu'ils la prennent. Jamais, je ne sauverai ma vie par une lâcheté. Libre, j'ai vécu, j'entends mourir de même. Je n'ajoute plus qu'un mot. La fortune est capricieuse. Je confie à l'avenir le soin de ma mémoire et de ma vengeance. "

Condamné à mort le 2 septembre 1871, il refusa de signer son pourvoi et fut exécuté.

Du fond de sa prison, Louise allait cependant s'efforcer de le sauver.

Elle écrit au Président de la Commission des Grâces :

" Les hommes de la Commune se sont efforcés au péril de leur vie, de maintenir à Paris, l'honneur et la sécurité. Ils ont dû lutter contre tout, mais ils ont refusé tous les actes lâches et cruels. Non, la Commune n'est pas coupable. Que le sang qu'on veut verser retombe sur les accusateurs ! La tête de Ferré serait un défi jeté aux consciences et la réponse une révolution. "

Par l'intermédiaire de l'abbé Folley, Louise envoie à Théophile un œillet rouge découpé dans son écharpe de communarde et un poème :

Si j'allais au noir cimetière,
Frère, jetez sur votre sœur
Comme une espérance dernière
De rouges œillets tout en fleur...

Aujourd'hui, va fleurir dans l'ombre
Des noires et tristes prisons.
Va fleurir près du captif sombre
Et dis-lui que nous l'aimons...

A cette déclaration d'amour, Théophile répond à la citoyenne Louise Michel, une lettre bien sage :
" Chère citoyenne, j'ai reçu votre charmant souvenir et j'ai lu avec le plus vif intérêt votre poésie si touchante et si triste.

Lorsque, comme nous, on a fait le sacrifice de sa vie, on est bien fort et rien ne peut ni nous surprendre, ni nous atteindre. L'acharnement de nos vainqueurs contre des adversaires désarmés et impuissants est une preuve de faiblesse. Les idées ne font un chemin rapide qu'en raison directe des violences exercées contre ceux qui les propagent. On ne tuera pas tous les socialistes, ils sont trop nombreux. Tous ceux qui en réchapperont feront des disciples, l'avenir nous appartient. "

Elle multiplie cependant les lettres, les suppliques, seules démarches qu'elle puisse faire du fond de sa prison, pour tenter de sauver son bien-aimé. Elle se confie à l'abbé Folley :

" Ferré n'est ni un criminel, ni un incendiaire. Se trouve-t-il dans la ville morte un journal qui publie la pensée de ces morts qu'on appelle prisonniers ? Point d'exécution, ou qu'on nous tue jusqu'au dernier. "

Elle écrit à madame Jules Simon :

" Je suis persuadée que vous n'approuvez pas la cruauté froide. Je vous ai bien aimée. Que votre mari n'attache pas son nom à ce qui se passe. "

Elle envoie Marie Ferré à Victor Hugo avec une lettre d'introduction :

" Ferré, c'est le meilleur d'entre nous, le plus généreux dans le triomphe, le plus fier dans la défaite. C'est pour cela qu'on l'a condamné à mort. Sauvez-le. Ce ne sera pas le premier que vous aurez arraché aux bourreaux. Et ce ne sera pas le dernier. Le temps passe, je le remets entre vos mains. "

Elle revient à l'abbé Folley :

" Aidez-nous, je vous en supplie. Pour moi, Ferré représentait la Révolution, clémente dans la victoire, fière dans la défaite. Tout ce que j'ai vu de lui est si grand, que je donnerais mille fois ma vie pour la sienne. "

Et elle lui demande de faire passer au prisonnier un dessin qui représente une feuille de lierre, plante des prisons, du souvenir, de la fidélité et de garder pour lui un petit croquis du sombre château de Vroncourt.

Louise harcèle Victor Hugo :

" Puisque c'est à vous qu'appartient la grande pacification après la grande hécatombe, puisque vous voulez bien être le médiateur de la terrible lutte, vous savez sans doute ce qui est digne de vous et de nous... Pas d'exécutions froides, après les exécutions dans la colère, ou qu'on nous tue tous. "

Mais elle intercède aussi pour les victimes qu'on a emprisonnées par hasard. Que l'on déporte les " fanatiques " comme Ferré, comme elle-même, mais qu'on élargisse ceux qui sont innocents.

Ferré lui répond :

" Nous avons été vaincus. Eh bien, nous prendrons notre revanche, sinon nous, mais nos frères. Qu'importe, alors que moi par exemple, je n'y assiste pas. "

Qu'elle se console donc.

"Je vous en prie, faites disparaître dans vos prochains écrits la mélancolie et la sensibilité qui ont pris possession de votre esprit. "

Qu'elle ne s'appesantisse pas sur la défaite, mais constate avec lui que jamais le socialisme n'aura été plus indispensable qu'aujourd'hui.

Qu'il y a en France trop de républicains pour qu'on puisse y rétablir la monarchie sous une forme quelconque.

" Si mes prévisions sont justes, dans quelques années, ceux qui vivront verront de grands changements. Je souhaite que vous soyez parmi ceux-là. "

Il la remercie de son poème et de son œillet rouge. Cette aimable attention l'a beaucoup touché et il lui envoie sa tête en échange c'est-à-dire une photographie avec comme dédicace : - A la citoyenne Louise Michel, souvenir d'un communeux -. Il ajoute quelques conseils pour sa comparution devant les tribunaux, conseils sages et qui montre qu'il redoute un peu l'exaltation de Louise - " Je ne suis pas inquiet de votre attitude, mais je désire pourtant vous faire quelques observations. Arrangez-vous de façon à être assez calme pour déjouer leurs projets : surtout pas trop de générosité ; c'est une qualité qui a beaucoup perdu de sa valeur à notre époque et vous seriez tout simplement dupe. L'intérêt de notre cause exige la liberté de ses défenseurs et on peut être digne, sans être naïf... "

Cette lettre de Ferré, si mesurée, où il s'intéresse à elle, la comble de joie.
Elle lui répond :
" Frère, je vous remercie, je suis bien heureuse. Je suivrai vos conseils, je vous le promets. "

Elle apprend que le procès de Ferré ne sera pas révisé. Du fond de sa prison, elle reprend sa campagne. Elle s'accuse pour le disculper. Aux membres de la Commission des Grâces, elle déclare que c'est elle qui voulait venger les prisonniers égorgés, les ambulancières violées et tuées et qu'elle est allée proposer à Ferré de faire sauter les places conquises à l'extérieur, de s'enfermer dans les remparts pour y combattre jusqu'au bout, d'exécuter les otages et qu'au contraire Ferré lui aurait répondu que ces crimes contre l'humanité ne serviraient qu'à prouver la faiblesse de la Commune et que tant qu'il serait debout, on ne les commettrait pas.

Nous eûmes alors une très longue et très vive discussion et Louise déclara que les dernières paroles de Ferré furent de flétrir les froides exécutions qui perdent les causes dans l'avenir sans les sauver dans le présent.

Elle a même ce cri qui vient du cœur alors qu'il ne faut pas l'oublier, Ferré avait donné son consentement écrit à l'exécution des otages du 25 mai en y ajoutant de sa main le nom de l'archevêque, je suis plus coupable que lui !!

Elle supplie encore l'abbé Folley d'aller crier l'innocence de Ferré, puisque dans ce Paris mort et lâche personne n'ose élever la voix pour lui.

Elle envoie à Victor Hugo toutes les copies des lettres qu'elle a adressé aux juges. C'est en lui qu'elle met son dernier espoir :

" Puisqu'on exécute les républicains sous la République et que tout se tait dans cette tombe de Paris, puisqu'il n'y a plus d'âmes dans cet ossuaire, qu'il aille dire au peuple qu'on étouffe les voix des femmes vraiment révolutionnaires. "

Pourquoi ne la juge-t-on pas ? Pourquoi n'envoie-t-on pas les révolutionnaires en déportation ? Pourquoi n'ouvre-t-on pas les prisons aux innocents ?

Elle étouffe d'indignation, de colère, de honte :
" Je ne sais, cher Maître, comment je vous écris... "
Elle délire, elle est folle :
" S'ils font des horreurs, O Révolution, mes amours, c'est moi qui te vengerai et jamais il n'y aura eu telle vengeance. "

Tous les moyens lui sont bons, quand il s'agit de sauver Ferré, alors qu'elle ne les emploierait jamais pour elle-même.

Elle fait appel au monde entier par l'intermédiaire des ambassadeurs de tous les pays. Elle adjure toutes les nations à s'opposer aux crimes que l'on veut commettre en France : Au nom de la civilisation, appuyez notre demande.

Et puisque les supplications ne suffisent pas, elle menace Thiers lui-même :

" Je dois vous prévenir que si une telle exécution avait lieu, des papiers provenant de la maison Thiers et d'autres seraient immédiatement publiés. "

Il ne lui suffit pas d'agir comme elle le peut du fond de sa prison, d'écrire toutes ces lettres.

Après la condamnation à mort de Ferré, elle apostrophe les membres des conseils de guerre :

Cassaigne, Mauguet, Guibert, Berlin, bourreau,
Gaveau, Gaveau,
Léger, Gaulet, Labat, taïaut, taïaut...

Car il faut bien qu'ils comprennent :
Que si vous en frappez un seul,
Il faudra, poursuivant vos crimes,
Sur tous étendre le linceul...

Le 19 septembre 1871, le capitaine Briot la fait comparaître pour un second interrogatoire. Puisque Ferré a été condamné à mort, elle n'a plus à perdre que sa propre vie, et elle ne s'en soucie plus. Elle ne dissimule plus rien. Au contraire. Non, elle n'a pas été seulement ambulancière, comme elle le soutenait jusque-là, mais aussi soldat de la Commune.

" N'avez-vous pas été blessée dans une sortie contre les troupes de l'ordre ? " lui demande le capitaine Briot.

" *En courant dans un ravin pour ramasser un garde national qui venait de tomber, je me suis fait une entorse. Voilà sans doute ce qui a fait dire que j'avais été blessée.* "

" Un rapport de police établit que vous avez fait le coup de feu à Asnières et à Neuilly ".

" *Oui, j'ai combattu à Issy, à Clamart, à Montmartre.* "

" Avec quelles armes ? "

" *A Issy, je me suis servie d'un sabre pour rallier les fédérés. A Clamart, j'ai tiré avec le fusil d'un mort, et à Montmartre, je me suis servie d'un fusil que j'ai ramassé.* "

" Ne faites-vous pas partie de l'Internationale. "

" *Oui. Mais il est inutile de m'adresser aucune question au sujet de cette société, car je n'y répondrai pas.* "

Louise, finalement a de l'estime pour le capitaine Briot. Elle lui écrit après cet interrogatoire :
" *Vous êtes honnête. Tâchez de faire prendre une mesure honnête et brave : qu'on renvoie les malheureux innocents et qu'on nous déporte, nous, les fanatiques.* "

Au cours du procès des Pétroleuses, le 3 septembre, où avaient comparu de pauvres femmes, incapables de se défendre autrement qu'en niant ce qu'on leur reprochait, le capitaine Jouenne, dans son réquisitoire, avait mis particulièrement en cause Louise Michel :
" Parmi ces femmes - et je me reproche de leur donner ce nom - nous en trouvons qui ne peuvent appeler à leur secours la misérable ressource de l'ignorance. Parmi les accusés, nous verrons des institutrices. Celles-ci ne pouvaient pas prétendre que la notion du bien et du mal leur était inconnue. Et parmi elles, cette femme Michel qui remplaçait dans son école les cantiques par la Marseillaise et le Chant du Départ et dont le procès sera d'une extrême importance. "

Louise apprend qu'elle a été injuriée par cet imbécile. Elle réclame au président du 4ème Conseil de guerre, le colonel Gaillard, l'ouverture de son procès :
" Colonel, j'ai été gravement offensée dans le réquisitoire de l'affaire Rétif. Vous n'ignorez pas dans quels termes il a été parlé de la femme Michel qu'on devait bientôt présenter et de son affaire des plus importantes... "
Deux jours plus tard, elle récidive. Elle envoie à l'autorité judiciaire copie de toutes ses déclarations :

" Lors même qu'on me répondrait par un envoi dans une autre prison, je compte sur vous pour les faire enregistrer, car je suis de celles qu'on tue, mais non de celles qu'on salit. "

Louise ne reçoit pas de réponse, mais elle est transférée à la prison d'Arras.

Quoi qu'il en soit, Louise proteste :

" J'ai le droit d'attendre à Versailles, le Conseil de guerre auquel j'ai droit. "

Elle a été publiquement insultée et elle doit se défendre publiquement, même si les juges reculent devant la petite contrariété d'avoir devant eux une femme vraiment attachée à la cause de la Commune. De toutes façons, elle saura se faire juger, un jour ou l'autre par le peuple. Elle réclame un cachot à Versailles et des juges ou la mort : l'un et l'autre si vous voulez.

Et elle écrit aussi au général Appert, chef de la justice militaire pour réclamer la même chose. Ce n'est pas qu'elle soit mal dans cette prison. Elle trouve les religieuses qui la gardent très aimables et déclare qu'elle ne pensera jamais comme elles, mais qu'elle les aimera toujours.

Une contradiction de plus chez Louise qui quelque temps auparavant réclamait à tue-tête la disparition de celles qu'elle appelait les filles de Torquemada...

Tandis que Louise s'exaspère de tous ces retards apportés à son procès, le capitaine Briot essaie de cerner la personnalité de l'accusée. Le maire de Vroncourt rappelle que lors de son séjour à Vroncourt, elle n'a été signalée que par des actes de dévouement et qu'elle s'est toujours conduite de manière à mériter l'estime publique. Le procureur de la République de Chaumont atteste lui aussi qu'elle a reçu une belle éducation et qu'aucune poursuite, soit politique, soit d'une tout autre nature n'a jamais été dirigée contre elle. Les maires des communes où Louise a été institutrice écrivent tous dans le même sens. Celui d'Audeloncourt précise qu'elle n'a fait que donner l'instruction aux jeunes demoiselles et s'est toujours et constamment bien conduite sous tous les rapports et qu'elle a joui de l'estime générale. Le maire de Millières enfin : " Je ne sache pas que pendant le temps où elle a habité la commune, elle ait fait paraître aucun écrit politique. "

Malgré les déclarations des témoins, le capitaine Briot est convaincu que Louise Michel a pour le moins fait autant que les membres de la Commune, notamment Ferré, qu'elle défend énergiquement et qu'elle a en trop grande estime pour qu'il ne se soit pas passé entre eux quelque chose d'intime. Il a réuni assez de preuves pour établir sa participation à l'attentat contre le gouvernement et à l'excitation à la guerre civile. Mais dans quelles mesures a-t-elle participé aux événements du 18 mars et à l'assassinat des généraux Lecomte et Thomas ? Il charge donc un commissaire de police d'établir sa conduite en ces circonstances et ses relations avec Ferré.

Mais le commissaire de police ne trouve rien.

Le capitaine Briot interroge de nouveau les témoins. Madame Josse, la propriétaire se souvient que Louise Michel, vêtue en garde national avait passé la nuit du 17 au 18 mars à Montmartre :
"Le lendemain, je rencontrais sa mère dans la rue. Elle pleurait. Elle dit qu'elle allait chercher sa fille, qui était restée toute la nuit aux Buttes. Mais sa mère ne se fit pas écouter."
Elle se souvient aussi qu'elle a vu des portraits de Louise Michel, avec la mention " maîtresse de Ferré. "

La concierge Henriette Pompont retrouve aussi des souvenirs qui chargent Louise :

" Les 17 et 18 mai, elle passa deux nuits dehors et rentra chez elle vêtue en garde national. "

Dans sa prison Louise se ronge. Que devient Ferré ? Elle trouve un journal qui décrit la plaine de Satory où Ferré doit être exécuté. La colère monte en elle :

" Eh bien, je vous le jure, Messieurs, si vous avez fait cela, je défie Dante lui-même d'inventer ce que vous ne pourrez éviter. "

Et puis dans un mélange de courage et de tendresse :

" Sourire devant sa mort n'est rien. Mais devant celle des autres... "

Et pendant la nuit du 27 au 28 novembre 1871, où, par une sorte de prémonition, elle ne peut dormir, elle écrit un poème contre la République qui ne vaut pas mieux que l'Empire :

Ce fantôme de République
Qui frappe ses plus fiers enfants
Va voir sur la place publique
Les Bonaparte triomphants...

Au petit matin, dans leur prison des chantiers à Versailles, Théophile Ferré, Louis Rossel et François Bourgeois sont réveillés vers six heures du matin. On leur laisse le temps d'écrire quelques lettres à leurs proches. Ferré écrit simplement à Louise :

" Chère citoyenne, je vais bientôt quitter toutes les personnes qui me sont chères et qui m'ont montré de l'affection... Adieu chère citoyenne, je vous serre fraternellement la main. Votre dévoué Théophile Ferré au terme de ses jours. " Ce qui est loin d'être une lettre d'amour, mais Théophile n'était ni un poète ni un sentimental, on le savait déjà.

Quelques jours après, Louise adresse au général Appert une lettre qui est une véritable provocation :
" Je commence à croire au triple assassinat de mardi matin. Si on veut me juger, on en sait assez sur moi. Je suis prête, et la plaine de Satory n'est pas loin. Vous savez tous que si je sortais vivante d'ici, je vengerais les martyrs. Vive la Commune ! "
Elle peut de nouveau affronter ses juges, leur répondre, se battre et non pour elle-même, mais pour être digne de la cause que Ferré et elle défendirent en commun, la seule chose qui lui reste. Maintenant, elle fait un récit complet de son action révolutionnaire.
Oui, elle était présente, lorsqu'on arrêta les généraux.
" J'étais indignée qu'ils eussent commandé de tirer sur le peuple, mais je ne pensais pas un seul instant qu'on les exécuterait. "

Oui, elle a eu l'intention d'aller assassiner Thiers et c'est Ferré qui l'en a dissuadée :
" Je voulais terrifier l'Assemblée et arrêter la lutte, parce que j'étais convaincue que Thiers était l'âme de cette lutte. "

Oui, elle présidait le Club de la Révolution.

Oui, elle fait sien le texte publié dans le Cri du Peuple, du 15 mai 1871 sur la suppression des cultes et de la magistrature. Mais elle n'y réclamait pas l'exécution des otages. Elle avait écrit " Menace de l'exécution des otages. "

Quant aux incendies :
" J'ai proposé de s'enfermer dans Paris et d'y combattre jusqu'à la mort ."

Elle assume aussi le manifeste du Comité central de l'Union des Femmes pour la Défense de Paris et les Soins aux Blessés.

Enfin, elle n'a jamais été maîtresse de personne. Elle connaissait Ferré comme un révolutionnaire indomptable et avait seulement pour lui beaucoup de confiance et beaucoup d'affection.

Louise Michel a confiance dans le capitaine qui l'interroge depuis des mois et elle lui demande, puisque c'est lui qui doit préparer son réquisitoire de ne pas mêler le nom de son grand-père de Mahis à tout cela. Le capitaine Briot lui fera cette concession ; le nom des de Mahis ne sera pas prononcé au procès.

Le 10 décembre, le commissaire du gouvernement envoie ses conclusions. Le 16 décembre, Louise Michel comparaît devant le quatrième Conseil de guerre.

Vêtue de noir, en grand deuil de Ferré, elle relève, d'un geste brusque, son voile de crêpe et regarde fixement ses juges. Elle a refusé l'assistance de l'avocat, Maître Hausmann, nommé d'office et elle écoute impassible la lecture de l'acte d'accusation :

" Fille illégitime, élevée par charité, au lieu de remercier la Providence, qui lui avait donné une instruction supérieure et les moyens de vivre heureuse avec sa mère, elle se laisse aller à son imagination exaltée, à son caractère irascible et, après avoir rompu avec ses bienfaiteurs, va courir l'aventure à Paris. Liée aux membres de la Commune, elle connaissait d'avance tous leurs plans. Elle les a aidés de toutes ses forces et souvent les a dépassés. "

En conclusion, Louise est donc inculpée :

1° d'attentat ayant pour but de changer le gouvernement ;

2° d'incitation à la guerre civile ;

3° d'avoir dans un mouvement insurrectionnel, porté des armes apparentes et un uniforme militaire, d'avoir fait usage de ces armes ;

4° de faux en écriture privée par supposition de personne ;

5° d'usage d'une pièce fausse ;

6° de complicité d'assassinat d'otages ;

7° de complicité d'arrestations illégales.

Louise a écouté impassible, la lecture de cet acte d'accusation qui sur plusieurs griefs est comparable à celui de Jeanne d'Arc.
" Qu'avez-vous à dire pour votre défense ? " lui demande le président du tribunal.
Elle lui répond :
" *Je ne veux pas me défendre, je ne veux pas être défendue : j'appartiens toute entière à la Révolution sociale et je déclare accepter la responsabilité de tous mes actes. Je l'accepte toute entière et sans restriction.*

Vous me reprochez d'avoir participé à l'assassinat des généraux ? A cela je répondrai : oui, si je m'étais trouvée à Montmartre quand ils ont voulu faire tirer sur le peuple, je n'aurais pas hésité à faire tirer moi-même sur ceux qui donnaient des ordres semblables. Mais lorsqu'ils ont été prisonniers, je ne comprends pas qu'on les ait fusillés et je regarde cela comme un insigne de lâcheté.

Quant à l'incendie de Paris, oui, j'y ai participé. Je voulais opposer une barrière de flammes aux envahisseurs de Versailles. Je n'ai pas de complices sur ce fait. J'ai agi d'après mon propre mouvement.

On me dit aussi que je suis complice de la Commune. Assurément, oui, puisque la Commune voulait avant tout la Révolution sociale et que la Révolution sociale est le plus cher de mes vœux. Bien plus, je me fais l'honneur d'être l'un des promoteurs de la Commune, qui n'est d'ailleurs pour rien,- pour rien, qu'on le sache bien -, dans les assassinats et les incendies. Moi qui ai assisté à toutes les séances de l'Hôtel de Ville, je déclare que jamais il n'y a été question d'assassinat ou d'incendie."

Elle n'hésite d'ailleurs pas à provoquer à nouveau les juges.

Voulez-vous connaître les coupables ? Ce sont les gens de la police. Et peut-être plus tard, la lumière se fera sur tous ces événements, dont on trouve aujourd'hui tout naturel de rendre responsables tous les partisans de la Révolution sociale.

Pourquoi me défendrais-je ? Je vous l'ai déjà déclaré, je me refuse à le faire. Vous êtes des hommes qui allez me juger. Vous êtes devant moi à visage découvert. Vous êtes des hommes, et moi, je ne suis qu'une femme, et pourtant je vous regarde en face. Je sais bien que tout ce que je pourrais dire ne changera en rien votre sentence. Donc, un seul et dernier mot. *Nous n'avons jamais voulu que le triomphe des grands principes de la Révolution ; je le jure sur nos martyrs tombés sur le champ de Satory, que j'acclame ici hautement et qui un jour trouveront bien un vengeur.*

Encore une fois je vous appartiens. Faites de moi ce qu'il vous plaira. Prenez ma vie. Je ne suis pas femme à vous la disputer un seul instant.

Après la comparution de pauvres femmes tremblantes, apeurées, et d'hommes qui ne cherchaient souvent qu'à se disculper, la profession de foi de Louise Michel frappa d'étonnements les spectateurs. " Il faut de bien profondes convictions pour rester impassible en face de semblables accusations. Il faut avoir un caractère fortement trempé pour ne pas reculer devant la responsabilité de tels actes " note un témoin.

Le commissaire de la République abandonne l'accusation sur tous les chefs sauf celui de port d'armes apparent ou caché, dans un mouvement insurrectionnel, mais demande au Conseil de guerre de retrancher de la société l'accusée qui est pour elle un danger permanent. Devant la volonté formelle de Louise, Maître Haussmann renonce à plaider et s'en rapporte à la sagesse du Tribunal.

Accusée, avez-vous quelque chose à dire pour votre défense ?

Louise reprend la parole :

Ce que je réclame de vous, qui vous affirmez Conseil de guerre, qui vous donnez pour mes juges, qui ne vous cachez pas comme la Commission des Grâces, de vous qui êtes militaires et qui jugez à la face de tous, c'est le champ de Satory où sont tombés mes frères. Il faut me retrancher de la société. On vous dit de le faire. Eh bien ! Le commissaire de la

République a raison. Puisqu'il semble que tout cœur qui bat pour la liberté n'a droit qu'à un peu de plomb, j'en réclame ma part, moi.

Elle menace même :

Si vous me laissez vivre, je ne cesserai de crier vengeance et je dénoncerai à la vengeance de mes frères les assassins de la Commission des Grâces.

Le Président :

Je ne puis vous laisser la parole si vous continuez sur ce ton !!

Alors, elle trouve une réplique d'une grande dignité :

J'ai fini. Si vous n'êtes pas des lâches, tuez-moi !

Une grande émotion a envahi les auditeurs. Le Conseil de guerre refuse à Louise la peine de mort qu'elle a réclamée. Elle est condamnée à la déportation à vie en Nouvelle-Calédonie, dans une enceinte fortifiée.

Elle n'a plus qu'à attendre la suite des événements en écrivant à sa mère, et en lui donnant ses derniers conseils une ultime fois :
" Je t'en supplie, ne te tourmente pas. Soigne-toi afin que je te retrouve, car moi qui supporte tout, je ne supporterai pas ta disparition.... "

L'enfer et la gloire

Dans la prison d'Auberive où elle a été transférée, Louise prépare sa future vie en Nouvelle-Calédonie comme une aventure.

Elle s'entend avec la Société de Géographie pour lui envoyer des observations sur le climat et les productions d'une île encore mal explorée. Elle obtient du Président de la Société d'Acclimatation des échantillons de graines qu'elle pense utile à la colonie. Il lui envoie en outre les livres qu'elle lui a demandés et qui relèvent de ses curiosités linguistiques : une grammaire et un dictionnaire bretons et des grammaires russe et polonaise. Louise part avec la ferme intention de transformer sa peine en expédition scientifique.

La veille de son départ, elle reçoit une dernière fois, la visite de sa mère.

Puis c'est le début du voyage à Langres où les attendent les fourgons cellulaires. Quelques ouvriers sortent de leur atelier pour saluer les déportées. L'un d'eux crie même :

" Vive la Commune ! " Le soir le convoi traverse Paris de la gare de l'Est à la gare d'Austerlitz où les déportées couchèrent puis prend la direction de la maison d'arrêt de la Rochelle.

Avant l'embarquement, l'administration pénitentiaire dresse l'état nominatif des femmes que l'on envoie en Nouvelle-Calédonie ; des blanchisseuses, des couturières, des lingères, une institutrice, une religieuse, une " fille soumise ", reflet social des femmes de la Commune. L'administration note aussi leur avoir personnel : 90 francs, 112 francs, 130 francs. Louise Michel, la plus pauvre de toutes, n'a en poche que deux francs cinquante.

Le vingt-huit août, le navire la Comète les transporte de la Rochelle à Rochefort, puis c'est le transfert sur le Virginie.

A bord, deux grandes cages ont été construites pour transporter les bagnards, l'une pour les hommes, l'autre pour les femmes. Il était bien entendu défendu de se parler de cage à cage.

Louise se lie d'amitié avec le journaliste anarchiste Rochefort, relation qui allait durer jusqu'à sa mort.

La mer est pour cette femme qui ne connaissait jusque-là que la Haute-Marne, Paris et ses prisons, un constant ravissement :

" J'étais maintenant, moi qui toute ma vie avais rêvé de voyages en plein océan, entre le ciel et l'eau, comme entre deux déserts où l'on n'entendait que les vagues et le vent. "

Cet envoûtement se traduit en poème :

La neige tombe, le flot roule,
L'air est glacé, le ciel est noir,
Le vaisseau craque sous la houle
Et le matin se mêle au soir...

Ces poèmes, elle les fait passer à Rochefort qui, " déplorable Paul de cette Virginie " écrit-il, gît accablé par le mal de mer : " Je ne sais vraiment pas à quoi pensait Vasco de Gama quand l'idée lui vint de nous frayer cette exécrable route. "

Aussi, le poème qu'il adresse à sa voisine de tribord arrière, est-il d'un autre ton :

Ce phoque entrevu ce matin
M'a rappelé dans le lointain,
Le chauve Rouher aux mains grasses
Et ces requins qu'on a pêchés
Semblaient les membres détachés
de la Commission des Grâces.

Par cinq degrés au-dessous de zéro, Louise se tient pieds nus, dans des espadrilles de toile, sur le pont. Le commandant Launay voudrait lui faire accepter une paire de chaussons, mais sachant que Louise les refusera s'il les lui offre, il demande à Rochefort son intervention :

" Il faudrait les lui faire passer comme venant de vous. "

Rochefort envoya à Louise un petit billet lui expliquant que sa fille lui avait remis ces chaussons avant son départ, mais ils étaient trop petits pour lui et elle finit par accepter.

Comme toujours, la pitié de Louise va aux animaux. Ce qu'elle voit de plus cruel sur le Virginie, ce n'est pas le sort des transportés dans leurs cages, mais le massacre des albatros. On les pêche à l'hameçon, puis on les suspend par les pattes pour qu'ils meurent sans tâcher la blancheur de leurs plumes. " Tristement et longuement, ils soulevaient la tête, arrondissant le plus qu'ils pouvaient leurs cous de cygne, afin de prolonger la misérable agonie qu'on lisait dans l'épouvante de leurs yeux aux cils noirs. "

Oubliant qu'elle-même était prisonnière, Louise s'efforça de faire cesser ces pratiques si cruelles.

Au cours de ce voyage, elle réfléchit à l'expérience qu'elle vient de vivre et aux causes de la défaite de la Commune et en discute avec Nathalie Lemel.

Nathalie Lemel était de trois ans plus âgée que Louise. Née le 26 août 1827 à Brest, elle avait tenu à Quimper, une librairie qui avait périclité puis s'était rendue à Paris.

Pendant la Commune, Nathalie participa à la vie des clubs et dirigea avec Elisabeth Dmitrieff, l'Union des Femmes pour la défense de Paris et les soins aux blessés. Puis, elle se battit sur les barricades des Batignolles et de la place Pigalle. Après la défaite de la Commune, elle tenta de se suicider. Tout cela, elle l'avait reconnu avec fermeté devant le Conseil de guerre, ce qui lui valut d'être condamnée à la déportation. Comme Louise, Nathalie avait refusé tout recours en grâce, comme Louise encore, elle avait complètement assumé la responsabilité de ses actes.

Cette traversée va permettre aux deux femmes de s'entretenir sur le sens de la vie et de la mort de la Commune. C'est au cours de ces conversations que Louise devint peu à peu anarchiste :

" A force de comparer les choses, les événements, les hommes, ayant vu à l'œuvre nos amis de la Commune si honnêtes qu'en craignant d'être terribles ils ne furent énergiques que pour jeter leurs vies, j'en vins rapidement à être convaincue que les honnêtes gens au pouvoir y seront aussi incapables que les malhonnêtes sont nuisibles et qu'il est impossible que jamais la liberté s'allie à un pouvoir quelconque. "

La prise de pouvoir par la Révolution n'est qu'un " trompe-l'œil ". Les institutions du passé qui semblent disparaître, restent en changeant seulement de nom. Tout homme qui arrive au pouvoir considère que l'Etat c'est lui et il le considère comme un " chien regarde l'os qu'il ronge et qu'il défend. "

Il y a un point sur lequel Nathalie et Louise sont parfaitement d'accord : c'est que le pouvoir corrompt. Les hommes au pouvoir ne peuvent que commettre des crimes s'ils sont faibles ou égoïstes, ou être annihilés s'ils sont dévoués et énergiques.

Le 10 décembre 1873, le Virginie arrive au bout de quatre mois de voyage, en vue des côtes calédoniennes.

Louise toujours sensible aux paysages, est saisie d'admiration devant la baie de Nouméa :
" Sept collines bleuâtres sous le ciel d'un bleu intense, plus loin le mont d'Or, tout crevassé de rouge terre aurifère. Partout des montagnes arides aux gorges arrachées, béantes d'un cataclysme récent. "

Mais dès le débarquement, un incident éclate entre le Gouverneur, Louise et Nathalie.

Gauthier de la Richerie avait préparé pour les femmes devant être incarcérées à Bourail sur la Grande Terre, des logements plus confortables que ceux de la presqu'île Ducos où étaient parqués les hommes. Peut-être aussi jugeait-il d'une plus saine administration de séparer les sexes, ce que Louise et Nathalie refusent en prétextant n'accepter aucune faveur et en exigeant de vivre avec les co-déportés dans l'enceinte fortifiée que la loi leur fixe.
Louise Michel retrouve tout de suite de vieilles connaissances : le père Malezieux dont la tunique avait été

criblée de balles le 22 janvier 1871 ; Lacour qui était si furieux contre Louise quand elle s'amusait à imiter la danse des obus sur l'orgue de l'église réformée de Neuilly, des camarades de la Corderie du Temple, du Comité de vigilance du XVIIIème arrondissement, des compagnies de marche. Mais déjà certains sont morts, vaincus par les fièvres et les mauvais traitements.

Le dernier cercle de l'enfer, c'était le bagne de l'île Nou, où les condamnés politiques, " mis à la double chaîne " traînaient leurs boulets au milieu des forçats de droit commun.

Dès son arrivée, Louise avait été saisie par la beauté de la Nouvelle-Calédonie maintenant elle en découvre avec passion tous les détails :

" La forêt avec ses lianes aux fleurs blanches et jaunes, les feuilles en fers de flèche, en fers de lance, en forme de feuilles de vigne, en forme de trèfles, les arbustes couverts de minuscules œillets blancs. Peu de fleurs rouges, mais une fleur bleue, des figues qui sentent la cendre, les pommes âpres de l'acajou, les grosses mûres couvertes d'une couche de sucre blanc, ou les prunes jaunes. " Elle les aime mieux que ceux d'Europe et va les cueillir par les chemins de lave, entre les rochers.

Et tous ces insectes admirables :

" Rien de beau comme la neige grise et tournoyante des sauterelles et les punaises sont de véritables pierres précieuses, rubis et émeraudes. C'est aussi le paradis des araignées : pourquoi ne les utiliserait-on pas pour faire de la soie ? s'interroge-t-elle. Peu d'oiseaux, mais des serpents très beaux et des roussettes qui pendues par les pieds vous regardent de leurs petits yeux noirs. "

Cette femme se sent à l'unisson de cette nature sauvage et l'on entend sans cesse le battement éternel de la mer, le long des plages désertes. Elle s'en sent plus proche encore, lorsque les cyclones se déchaînent. Elle est alors envoûtée.

" Parfois un éclair immense et rouge déchire l'ombre ou fait voir une seule lueur de pourpre sur laquelle flotte comme une crêpe, le noir des flots. Le tonnerre, les rauquements des vagues, le canon d'alarme dans la rade, le bruit de l'eau versée par torrents, les énormes souffles du vent, tout cela n'est plus qu'un seul bruit, immense, superbe : l'orchestre de la nature sauvage. "

Aucun autre déporté de la Commune n'a donné cette description de la nature calédonienne.

Elle a aussi à l'égard des Arabes internés, des Canaques indigènes une attitude différente des autres détenus. Les anciens communards se comportent pour la plupart, comme de petits Blancs racistes et obtus. Louise au contraire admire les Algériens déportés eux aussi car leur révolte est la même que celle de la Commune :

" Ces orientaux emprisonnés loin de leurs tentes et de leurs troupeaux étaient simples et bons d'une grande justice. "

L'un d'eux, El Mokrani devint son ami et revenu par la suite de Nouvelle-Calédonie essaya de la revoir à Paris. Fidèle à elle-même, Louise était à l'époque encore une fois en prison.

Surtout, il y a cette population indigène si étrange, si misérable que les déportés la dédaignent autant que le font les colons et l'administration. Louise essaie de comprendre ces hommes et ces femmes si différents.

Dès son arrivée, elle fait connaissance du canaque Douami qui au dîner offert par les déportés aux nouveaux arrivants, chante une chanson.

Douami était le cuisinier de la cantine des déportés et on lui avait appris à lire et à écrire. C'est lui qui va initier Louise aux langues canaques, lui chanter des chants qu'elle note, lui confier des légendes qu'elle écrit.

Elle établit un glossaire des mots les plus courants des diverses tribus :

" Je puis me faire illusion, mais il me semble que la science devrait s'emparer des vocabulaires, des numérotations, saisir sur le vif les mœurs de l'âge de pierre et qu'on trouverait au fond quelque chose du passé. "

Cependant, Louise n'oublie rien, ne renie rien. La nature calédonienne n'efface pas le passé, ni le souvenir des massacres de mai, ni la mort de Ferré. Pour l'anniversaire du 18 mars 1877, elle écrit :

Souvenez-vous, tyrans, de tous vos crimes.
Souvenez-vous des noires félonies.
Le 18 mars, c'est le glas du vieux monde.
Déjà vos fronts sont marqués par la mort.

Elle entretient une correspondance avec ses amis. Elle demande des solfèges et des livres à Marie Ferré. Sa cousine Marie Laurent, lui envoie une caisse de papeterie et de livres. Clémenceau lui fait parvenir des mandats. Le beau-père de Verlaine, Monsieur de Fleurville, l'inspecteur des écoles de Montmartre qui avait rédigé pour le conseil de guerre une notice courageuse sur l'institutrice, fait imprimer à ses frais les contes d'enfants que Louise avait écrits à Auberive. Mais la pauvre Marianne doit vendre les dernières terres qui lui restent, son pré, sa vigne pour payer les dettes de sa fille.

Enfin il y a Hugo qui a perdu ses fils et à qui elle écrit : " Vous habitez avec vos fils dans la mort ; moi j'habite avec mes frères les meilleurs et les plus braves. "

" Ecrivez-moi cher Maître et ne me croyez pas trop malheureuse. Déjà avant la mort, l'individualité n'existe plus. "

Elle lui demande d'écrire un poème sur le vieux Passedouet qui répétait avant de mourir un seul mot : " Proudhon, Proudhon. " Ne possédant rien, Louise envoie au poète un madrépore pour lui servir de presse-papiers et deux vers des Océaniennes qu'elle a écrit pour lui :

Il est un noir rocher près des flots monotones.
Là j'ai gravé ton nom pour les bruyants cyclones.

Elle lui fait part aussi de son désir d'aller habiter quelque temps, si on lui en donne l'occasion, dans une tribu canaque où notre influence ne se serait pas encore fait sentir mais me laissera-t-on aller jusque là ? Je n'en sais rien car ce qu'il y a de sûr, c'est que je ne reviendrai pas sans cela, car on ne fait pas six mille lieues pour ne rien voir et n'être utile à rien.

Etre utile, c'est là une préoccupation constante de Louise. Si elle étudie les mœurs et les langues des Canaques, elle leur apprend aussi à lire.

Partie de France avec les recommandations de sociétés de géographie et d'acclimatation, elle se livre à des expériences qui inquiètent les déportés et leurs gardiens.
Ce n'est pas tout. Parmi les déportés, Louise figure comme un exemple et comme un symbole de dévouement. Des échos de cette grandeur morale parviennent jusqu'à Paris. Un rapport de police mentionne même que les gens de l'administration la regardent comme une sainte.

Un événement vint bouleverser la vie quotidienne des déportés. Rochefort réussit à s'évader en mars 1874 avec cinq de ses camarades, grâce à la complicité du capitaine d'un bateau anglais. L'administration envoie deux hommes à poigne, le colonel Aleyron et l'amiral Ribourt pour rétablir la discipline.

Séduite par l'évasion d'Henri de Rochefort, Louise cherche à s'évader. Mais elle n'a pas la méthode et ses projets révèlent comme toujours, de chimères romantiques. Un soir de cyclone, elle s'en va au milieu des éléments déchaînés frapper à la porte d'un vieux capitaine au long cours.

Mais le " vieux loup de mer " n'a aucune envie de se lancer sur un radeau et de périr inéluctablement noyé. Louise Michel claque la porte. Mais dehors, la beauté tragique du spectacle lui fait oublier sa déconvenue :

" La mer, pareille à une nuit, élève jusqu'aux rochers où je suis, d'énormes griffes d'écume toute blanche. " Et sur cette nuit mémorable, elle écrit un poème :

> *Prends un bateau, prends une planche,*
> *Viens dans l'orage et dans la nuit.*
> *N'attendons pas que l'aube blanche*
> *Eclaire ceux que l'on poursuit.*
> *Debout, vieux sorcier, viens, écoute...*

Rochefort de son côté, n'oublie pas ses camarades. Il cherche des fonds pour organiser un coup de main sur Nouméa. Garibaldi promet six mille francs mais trop malade pour participer lui-même à cette expédition, propose ses deux fils. Cependant l'affaire ne peut être mise sur pied et de toutes façons en ce qui concerne la Commune, Garibaldi a toujours une bonne excuse pour ne rien faire.

Poursuivant leur politique de répression, l'amiral Ribourt et le colonel Aleyron décident que six femmes déportées, considérées comme particulièrement dangereuses par leur mauvais esprit devront quitter le camp de Numbo pour la baie de l'Ouest.

Louise Michel s'insurge au nom des six femmes que l'on veut éloigner du camp comme si leur présence était un scandale. " La même loi régit les femmes et les hommes déportés. On ne doit pas y ajouter une insulte non méritée. "

Elle réclame donc que les motifs pour lesquels on les exile soient rendus publics par voie d'affiches, ainsi que la manière dont on les traitera. Au cas où les motifs invoqués seraient insultants, elle prévient qu'elle protestera jusqu'au bout, quoiqu'il arrive.

Le lendemain, on donne l'ordre aux femmes de déménager dans la journée. Elles refusent d'obéir au gardien-chef. Quelques jours plus tard, le directeur en personne vient parlementer avec les femmes. Il leur promet de faire partager le baraquement de la baie de l'Ouest en petites cases où elles pourront éviter la promiscuité et vivre selon leurs occupations et leurs affinités. Et comme il n'y avait pas de place en prison, on les laissa à Numbo jusqu'à ce que les travaux fussent terminés.

Louise profite de ce répit pour envoyer à Sidney, à l'attention d'une revue, un récit des événements survenus en Nouvelle-Calédonie.

Fidèle à elle-même, quand éclate la grande révolte canaque de 1878, elle prend parti pour les révoltés contre les Français. La plupart des anciens communards, au contraire se rallient aux colons :

" Je les estimais beaucoup, mais ce jour-là, ils m'ont dégoûtée " confiera-t-elle plus tard. Pour elle, les Canaques menaient le même combat que les partisans de la Commune :
" Eux aussi luttaient pour leur indépendance, pour leur vie,

pour la liberté. Moi, je suis avec eux, comme j'étais avec le peuple de Paris, révolté, écrasé et vaincu. "

Elle est du côté des Canaques, du côté de ces hommes qui combattent avec des frondes, des sagaies, des casse-têtes contre les fusils et les obusiers français, du côté du grand chef Ataï qui fut tué au combat et dont en envoya la tête à Paris, du côté d'Andia qui chantait dans la bataille et qui fut tué lui aussi, du côté des sauvages contre les civilisés, les colons, l'administration, les Blancs.

Elle apprend aux Canaques révoltés à couper les fils télégraphiques de l'île, interrompant ainsi toutes les communications. Elle envoie à Paris des articles qui divulguent les massacres des indigènes et un volume de vers qu'elle veut faire paraître au profit des victimes de la répression.

Cependant, à Paris, l'administration continue de s'occuper de cette déportée encombrante. Le Ministère de la Justice demande au Ministère de la Guerre le dossier de Louise Michel. L'analyse psychologique de Louise par les militaires ne lui est guère favorable ; le cœur est fermé, la sensibilité de la femme n'a jamais été touchée, elle oublie sa vieille mère pour ne penser qu'à l'établissement d'un régime social abominable, c'est un cerveau malade. Il n'y a pas lieu de commuer sa peine, d'autant plus qu'aucun recours en grâce n'accompagne cette demande de renseignements. Mais l'administration pénitentiaire lui est un peu moins hostile, bien qu'elle lui trouve des " idées ultra-révolutionnaires " et un caractère très " exalté. "

Néanmoins, son expiation paraît suffisante. Le 8 mai 1879, la peine de Louise Michel à la déportation dans une enceinte fortifiée est commuée en déportation simple.

Début 1879, Louise peut s'installer à Nouméa. En effet, au bout de cinq ans, les déportés qui avaient un métier pouvaient résider dans cette ville, à condition de se présenter à la direction pénitentiaire le jour du départ du courrier pour l'Europe, de ne pas s'éloigner de plus de huit kilomètres de leurs résidences et de n'en pas changer.

Louise reprend sa profession d'institutrice. Clémenceau lui a envoyé un mandat de vingt francs. Elle lui demande d'envoyer aussi quelques modèles de dessins, paysages, têtes qui pourraient servir à ses élèves. Louise n'a d'abord dans son école, qu'une quinzaine d'élèves, enfants de déportés. Mais elle conquiert bientôt l'estime de tous. La réputation de Louise Michel comme institutrice était si bien établie, que le maire, Monsieur Simon, la chargea d'enseigner la musique et le dessin à l'école communale de filles.

Elle consacre aussi à l'enseignement des Canaques une grande partie de son temps. Le dimanche, du matin au soir, ils se pressent dans sa maison. Le frère de Douami (l'homme qui avait, au début de sa déportation, initié Louise aux dialectes et aux traditions canaques), vient à son tour apprendre ce que savent les Blancs. Les Canaques avaient d'ailleurs le plus grand respect pour ceux qui leur apprenaient à lire, leur révolte avait par exemple épargné les frères Maristes.

Pour les instruire, Louise invente des méthodes nouvelles : la lecture au moyen d'une baguette qui suit les lettres, les chiffres, les notes que l'on trace sur un mur, l'écriture avec des lettres mobiles, les mathématiques en commençant par l'algèbre et non par l'arithmétique.

L'assouplissement de ses conditions de vie lui permet de reprendre ses vieux projets d'exploration. Charles Malato, le seul déporté de la Commune qui fut aussi " ensauvagé " qu'elle, avait passé deux années à étudier des tribus indépendantes. Il communique ses découvertes à Louise et ils envisagent de partir à pied pour explorer la côte Est de l'île, de gagner les sources du Diahot et de descendre ensuite le fleuve jusqu'à son embouchure, expédition qui devait obliger Louise à porter un costume masculin.

- Savez-vous nager ? lui demanda Malato.
- Non, répondit-elle. Je ferai la planche et vous me remorquerez.

Charles Malato et Louise avaient aussi en commun d'autres opinions. La défaite de la Commune, la déportation les avaient rendus anarchistes. Avec trois ou quatre autres déportés, ils avaient constitué un petit groupe d'étude.

Les loisirs de la déportation leur laissaient le temps de réfléchir, de " comparer les événements, de voir combien le pouvoir stérilise les meilleurs. " Et l'on peut imaginer les discussions infinies de Louise et de ses camarades sur le meilleur moyen d'abattre le vieux monde et de refaire le nouveau, au long des plages calédoniennes à l'insu de l'administration et des gardiens.

Cependant certains déportés sont graciés. Louise s'indigne de ces grâces partielles et surtout de la lâcheté de ceux qui les ont quémandées dans un désir insensé de revoir la France. " Moi, devant des mesures aussi petites, j'éprouve une immense indignation et un dégoût horrible. "

Elle se préoccupe pourtant du retour des vieillards déportés, de leur réintégration à la société. Elle fait part à Clémenceau de son inquiétude :

" Vous avez déjà vu le doyen de la déportation, le père Malezieux. Que va-t-il devenir ? J'en suis à regretter que notre pauvre vieux Mabille ne reste pas ici, où du moins il pourrait vivre. Est-ce que dans Paris, il trouvera du travail en proportion de son âge et de ses forces ? Est-ce que notre République ouvrira Bicêtre aux vieillards de la déportation? "

Elle les recommande aussi à Victor Hugo.

En ce qui la concerne, la question de son retour en France ne se pose pas. Elle ne rentrera que si l'on accorde une amnistie générale. Elle déclare à Clémenceau : Avec tous ou jamais, et nul n'a le droit de changer ma volonté à cet égard. Elle le félicite en même temps de l'énergie qu'il apporte à la cause démocratique, à un moment où la tiédeur et les accommodements sont si forts à la mode.

En France, de nombreuses pétitions demandent son retour.

Louise Michel apprend cette agitation que l'on faisait autour de son nom et cela l'irrite. Elle écrit alors à Jules Grévy, Président de la République : " Monsieur le Président de la République, veuillez considérer comme nulles toutes les démarches outrageantes pour mon honneur qu'on se permet de faire en mon nom.... "

Le 16 octobre, on lui remet le reste de sa peine. Notification en est faite par le Ministère de la Guerre au Ministère de la Marine et des Colonies le 24 décembre. Cette notification est transmise à la colonie, le 23 janvier 1880.

Fidèle à sa décision, Louise attend pour revenir en France que l'amnistie totale des condamnés de la Commune ait été promulguée le 11 juillet 1880.

Elle rencontre encore quelques difficultés avec l'administration française qui refuse de la rapatrier, mais comme elle se propose de donner des conférences pour payer ses frais de retour sur les causes de la révolte canaque, la traite des noirs maquillée en contrats d'embauche et le rôle de l'administration française à Nouméa dans toutes ces embrouilles, on s'empresse de la faire embarquer immédiatement sur le John Helder, premier bateau en partance.

A Dieppe, Marie Ferré, la sœur de Théophile, l'attend. A Paris, tout est prêt pour la recevoir.

Le 9 novembre 1880, dès dix heures du matin, la foule envahit la cour Saint-Lazare. Malgré les interdictions, deux cent personnes réussissent à entrer dans la gare dont Clémenceau, Rochefort, Louis Blanc et toutes les rédactions du Mot d'Ordre, de l'Intransigeant et de la Lanterne.

Louise Michel apparaît au milieu de la foule, grande, maigre, le visage hâlé, vêtue d'une jaquette noire, coiffée d'un petit chapeau orné d'un bouquet d'œillets rouges d'où s'échappent des mèches grises. On crie :
- Vive Louise Michel ! Vive la Commune ! Vive la révolution sociale ! Vive l'humanité !

Au milieu de la bousculade qui tourne à l'émeute, les policiers perdent leur sang-froid.

L'héroïne de la fête réussit toutefois à sortir de la gare au bras de Rochefort puis à gagner le fiacre qui l'attendait au coin de la rue de Londres pour la conduire auprès de sa mère.

Le lendemain, Louise alla déposer un bouquet de fleurs qu'on lui avait offert sur la tombe de Théophile Ferré, au cimetière de Levallois. Ferré qu'elle n'oubliera jamais.

A partir de maintenant Mademoiselle Louise Michel est une figure du mouvement socialiste ouvrier français.

Pour elle, les conséquences du drame de la Commune sont terminées, une nouvelle vie d'actions révolutionnaires et de militantisme va commencer. Cette période ne fut cependant pas sans erreur. Georges Clémenceau disait à ce sujet plus de vingt ans après sa mort :

" Elle a été admirable devant les Versaillais. Elle leur a dit : il ne faut pas vous imaginer que vous me faites peur ! Mais je vous méprise ! vous êtes des bandits ! des assassins !

Depuis elle a naturellement fait des bêtises. Ma vieille amie Louise Michel. " Elle aurait pu d'ailleurs lui répliquer la même chose, à lui, l'ancien médecin des pauvres de Montmartre, l'étudiant blanquiste qui devenu ministre de l'intérieur donna l'ordre de tirer sur les ouvriers, et ne sauva une vie politique faite d'erreurs et de reniement que par un comportement exemplaire devant la grande guerre.

Destin qu'as-tu fait de mon rêve ?

Louise est désormais l'héroïne révolutionnaire que l'on s'arrache dans les réunions et les conférences où elle proclame sa haine de la guerre et sa méfiance du suffrage universel. Elle fait l'éloge des nihilistes russes qu'elle aspire à rejoindre, se dit anarchiste, relance le combat politique pour l'égalité des droits de l'homme et de la femme, le tout dans le désordre car en fait la foi de Louise est simpliste.
Elle peut s'exprimer ainsi :
" L'homme est bon, c'est la société et le pouvoir qui le corrompent. Le dernier avatar de cette société malfaisante, c'est le capitalisme qu'il faut détruire. "

Aussi est-elle contre toutes les mesures réformistes et notamment contre les syndicats qui luttent pour alléger l'exploitation dans le travail. Ce qu'il lui faut, c'est la destruction absolue par la grande guerre, la prise de pouvoir " apocalyptique. " La table rase faite, alors surgiraient d'elles-mêmes des formes d'organisation qui échappent à toutes les contraintes.
Pendant près d'un quart de siècle, de Londres où elle résidera très souvent, à Paris en passant par Amsterdam et

Bruxelles, voyageant en troisième classe, pauvresse voûtée, au visage ravagé et aux cheveux gris cachés sous un bibi noir orné d'un œillet rouge, littéralement exploitée par ses " camarades " qui n'hésitent pas à lui prendre les maigres recettes des quêtes de fin de " meeting " pour de soi-disant actes de propagande, elle répétera cette leçon qui aurait fini par ridiculiser toute autre qu'elle. Elle sera de toutes les luttes, à l'exception peut-être de celle de l'affaire Dreyfus : le capitaine fils de banquier et membre de cette armée qu'elle déteste ne pouvait que lui être étranger. Toutefois, Louise ne fut jamais antisémite contrairement à beaucoup d'anarchistes de l'époque, dont Rochefort ou Emile Pouget qui écrivit dans le Père Peinard, un article qui commençait ainsi :

" Le youpin Dreyfus, qu'il soit innocent ou coupable, je m'en tamponne le coquillard, après tout, c'est une histoire de clans d'officiers. Et nom de Dieu, je ne perds pas de vue que s'il était arrivé un coup de chambard à l'époque où le capitaine Dreyfus se pavanait, chamarré de galons, il aurait paradé dans le clan des fusilleurs, à la droite de Galiffet. "

Elle refusa d'ailleurs de s'impliquer dans ce combat, expliquant que les patrons juifs ne sont pas pires que les patrons chrétiens :

" Ces maîtres également cruels et pervers, ce sont partout les rois de la finance, qu'ils soient de Rome, d'Israël ou de France... "

Elle connaîtra aussi à nouveau pour la défense de ses idées une tentative d'assassinat, puis la trahison et la manipulation du Préfet Andrieux, père naturel d'Aragon, la pauvreté et la prison : quinze jours pour outrage à agents en janvier 1882, six ans en juin 1883 pour avoir pillé avec des chômeurs, des boulangeries.

Graciée en janvier 1886, elle est à nouveau condamnée en août de la même année pour incitation au meurtre dans l'affaire des mineurs de Decazeville, en même temps que Jules Guesde.

Il est vrai que la prison ne lui fait plus peur, affirmant au contraire y trouver du temps pour réfléchir sans être dérangée !!

" Etre enfermée dans une prison, cela m'est égal... On y est tranquille, fort à l'aise et nul bruit ne vient troubler vos méditations. Je passe là des heures presque délicieuses et j'irai même plus loin : je m'accorderais fort bien d'une existence pareille. "

Le 9 janvier 1905, elle meurt à Marseille dans un minable petit hôtel du boulevard Dugommier près de la Canebière et conformément à son souhait, son corps est ramené à Paris.

Les socialistes collectivistes, les socialistes nationalistes, les membres du Parti Ouvrier Français, les Francs-maçons, -elle a été initiée à la philosophie sociale l'une des premières loges mixtes de l'institution -, les anarchistes qui lui doivent la couleur de leur emblème car elle leur avait demandé de remplacer le drapeau rouge par le drapeau noir de la misère et bien d'autres se disputeront sans vergogne, car la plupart l'ont depuis longtemps abandonné, les places dans son cortège funèbre, allant même jusqu'aux coups de poing et à retirer de force les insignes maçonniques qu'un Vénérable avait déposées sur le drap rouge enveloppant son cercueil. Mais le petit peuple de Paris, celui qui avait été massacré par les troupes versaillaises trente ans plus tôt alors que les chefs de la Commune désertaient pour fuir à l'étranger, lui fera des funérailles grandioses, comme celles de Victor Hugo et l'accompagnera - en dépit des interdictions de la police - au son de l'Internationale et des chants révolutionnaires jusqu'au cimetière de Levallois où elle repose désormais dans l'allée des victimes du devoir, auprès de Marianne sa mère, de son ami Théophile et de Marie Ferré.

Par une de ces étranges coïncidences telles que l'histoire sait nous les donner, le jour de ses obsèques, un cortège d'ouvriers, de femmes et d'enfants défilait à Saint-Pétersbourg pour présenter au tsar les doléances du peuple.

L'Empereur fit tirer sur la foule.

La première phase de la révolution russe commençait.

Elle allait accoucher de régimes de terreur et d'oppression, plus cruels encore que ceux que Louise avait combattus toute sa vie

Elle avait d'ailleurs pressenti ces errements dans un beau texte auquel la suite de l'histoire donne un ton émouvant et qu'il convient de citer au terme de cet essai :

Vent du soir que fais-tu de l'humble marguerite
Mer que fais-tu des flots ? Ciel, du nuage ardent ?
Oh, mon rêve est grand et je suis bien petite
Destin, que feras-tu de mon rêve géant ?

ANNEXES

Viro Major

Extraits du poème de Victor Hugo dédié à Louise Michel après sa condamnation

Ayant vu le massacre immense, le combat,
Le peuple sur sa croix, Paris sur son grabat,
La pitié formidable était dans tes paroles ;
Tu faisais ce que font les grandes âmes folles
Et lasse de lutter, de rêver, de souffrir,
Tu disais : " J'ai tué ", car tu voulais mourir.
Tu mentais contre toi, terrible et surhumaine.

Tu disais : " J'ai brûlé les palais "
Tu glorifiais ceux qu'on écrase et qu'on foule.
Tu criais : " J'ai tué. Qu'on me tue ".
Tu semblais envoyer au sépulcre un baiser.
Ton œil fixe pesait sur les juges livides.
La pâle mort était debout derrière toi...

Et ceux qui, comme moi, te savent incapable
De tout ce qui n'est pas héroïsme et vertu...
Ceux qui savent tes vers mystérieux et doux,
Tes jours, tes nuits, tes soins, tes pleurs donnés à tous,
Ton oubli de toi-même à secourir les autres,
Ta parole semblable aux flammes des apôtres.
Ceux qui savent le toit sans feu, sans air, sans pain,
Le lit de sangle avec la table de sapin,
Ta bonté, ta fierté de femme populaire,
L'âpre attendrissement qui dort sous ta colère...
Ceux-là, femme, devant ta majesté farouche
Méditaient ...

Poème de Verlaine[1]

Madame et Pauline Rolland
Charlotte, Théroigne, Lucile,
Presque Jeanne d'Arc, étoilant
Le front de la foule imbécile
Nom des cieux, cœur divin qu'exile
Cette espèce de moins que rien
France bourgeoise au dos facile
Louise Michel est très bien...
Gouvernements de maltalent,
Soldat brut, Robin insolant
Ou quelque compromis fragile,
Géant de boue aux pieds d'argile
Tout cela, son courroux chrétien
L'écrase d'un mépris agile
Louise Michel est très bien.

---

[1] Verlaine fut le gendre de Mauté de Fleurville, délégué cantonal des écoles du 18 ème arrondissement de Paris qui témoigna en faveur de Louise Michel à son procès.

Théophile Ferré à Louise Michel

Six heures du matin[1]

Chère citoyenne,

Je vais bientôt quitter toutes les personnes qui m'ont été chères et qui m'ont donné de l'affection... Je serais un ingrat si je ne vous manifestais pas à ce moment toute l'estime que je ressens pour votre caractère et votre bon cœur. Plus heureuse que moi, vous verrez luire des jours meilleurs et les idées auxquelles j'ai tout sacrifié deviendront triomphantes. Adieu, chère citoyenne, je vous serre fraternellement la main.

Votre dévoué Ferré, au terme de ses jours.

Théophile Ferré

Quelques jours après, Louise écrira à l'abbé Folley, de la prison de Versailles où elle est incarcérée.

Il avait bien raison de me recommander le courage. Je ne suis plus digne ni de la cause ni de lui. Entendre tous les jours sonner sept heures du matin, entendre dans la nuit sonner deux heures et penser qu'on l'éveillait, plein d'intelligence et de cœur, pour l'assassiner, c'est trop...

---

[1] Son exécution aura lieu à 7 heures, au camp militaire de Satory près de Versailles. Louise Michel est la dernière personne à qui il a écrit.

Louise Michel âgée de 9 ans.

Château de Vroncourt (Haute-Saône) où naquit Louise Michel en 1830.

Louise Michel en 1871.

*Louise Michel
en tenue de la Garde Nationale*

*Louise Michel
en Nouvelle-Calédonie*

Louise MICHEL
après son retour du bagne

Louise MICHEL *à 74 ans
avec quelques camarades du groupe de Toulon
lors d'une conférence donnée en cette ville*

PRINCIPAUX LIVRES ET ECRITS DE LOUISE MICHEL

Louise Michel a collaboré à toutes sortes de journaux de l'Echo de la Haute-Marne aux gazettes les plus mondaines de Paris. Elle a fourni de façon régulière des articles aux revues anarchistes, telles que La Révolution sociale, Le Libertaire, La Marseillaise, ou La Patrie en danger.

Elle a également publié de nombreux ouvrages et une volumineuse correspondance en grande partie perdue, mais dont les meilleurs feuillets ont été rassemblés par Xavière Gauthier aux Editions de Paris.

Elle aurait écrit « vingt-mille lieues sous les mers » dont elle vendit le manuscrit non terminé à Jules Verne qui se serait contenté de le terminer en y ajoutant des chapitres et en fit son plus grand succès littéraire.

En 1889, elle sera l'une des rares écrivains à défendre la construction de la tour Eiffel.

Pour Louise, l'artiste et l'écrivain ont une mission sociale à remplir. Elle n'abandonnera jamais sa vocation littéraire et sera souvent qualifiée de « femme de lettres » dans les rapports de police.

Les lueurs dans l'ombre avec en sous-titre: " Plus d'idiots, plus de fous . L'âme intelligente. L'idée libre. L'esprit lucide de la terre à Dieu " elle y développe ses réflexions sur la pédagogie.

Le livre du jour de l'an, historiettes, contes et légendes pour les enfants. Edité en 1872 pendant sa déportation au profit de sa mère par Monsieur de Fleurville, inspecteur des écoles de Montmartre, beau-père de Verlaine.

La grève dernière.

La misère et les méprisés qui parurent sous sa signature et celle de Jean Guêtré (Madame Tynaire).

Le gars Yvon, légende bretonne.

Le bâtard impérial, signé de Louise Michel et de Jean Winter. C'est une description de la misère russe avec pour personnage central Bakounine.

La fille du peuple.

Légendes et chants de gestes canaques présentés par Gérard Oberlé (Les Editions 1900).

Les microbes humains (1886, Dentu) Ecrit à la prison de Saint Lazare et à la Centrale de Clermont, c'est un roman scientifique à la Jules Verne.

Mémoires. Dont le document autographe inédit a été retrouvé par Xavier de la Fournière, au cours de ses recherches biographiques sur Louise Michel.

Le coq rouge. Drame représenté pour la première fois en mai 1888 au théâtre des Batignolles et aux Folies-Voltaire.

Les crimes de l'époque. (1888)

Lectures encyclopédiques par cycles attractifs.

L'ère nouvelle, publiée par Achille Leroy, communard et chansonnier montmartrois.

Prise de possession, préfacé par Blanqui d'une déclaration : " L'anarchie c'est l'avenir de l'humanité ".

A travers la vie, poésies.

La Commune. Paris, Stock, 1898. Un des livres les plus importants sur le drame de 1870-1871, après celui de Lissaragay qui fait autorité.

Le claque-dents. Ecrit à Londres.

Les paysans par Louise Michel et Emile Gautier. Louise y évoque les paysans, fils des bagaudes et des jacques. L'action se passe à l'époque romaine.

" *Car la terre est un immense, un éternel charnier*
Elle est le charnier des peuples
Nous nous nourrissons tous des cadavres... "

Une grande partie des écrits de Louise Michel a été perdue car non publiée.

Biographies des personnes citées

BLANQUI Auguste 1805/1880
Fondateur d'un mouvement révolutionnaire où se conjuguent socialisme libertaire anticléricalisme et marxisme. Passera la majeure partie de sa vie en prison.

CLEMENCEAU Georges 1841/1929
Journaliste, homme politique et écrivain, ami de Louise Michel malgré leurs divergences politiques.
Il appartient à la génération fondatrice de la IIIème République, tout comme Gambetta et Jules Ferry. Chef de l'extrême gauche, il est aussi celui qui ordonna à la troupe de tirer sur les ouvriers. A plus de soixante-seize ans, au terme d'une guerre en partie gagnée grâce à lui, il entre dans l'histoire sous le surnom de " Père la Victoire ".

EUDES Emile 1843/1888
Epoux de Victorine Louvet, amie de Louise Michel.
Délégué à la Commune. Elu du XIème arrondissement, condamné à mort par contumace, fonde avec Blanqui le journal " Ni dieu ni maître ", puis " L'homme libre ".

FERRE Théophile 1846/1871
Amour passion de Louise Michel.
Délégué à la Sûreté générale, il signa l'ordre d'exécution des otages dont celui de Monseigneur Darboy, archevêque de Paris. Il sera fusillé le 27 novembre 1871 à Satory.

GUESDE Jules 1845/1922
Journaliste, chef des socialistes révolutionnaires. Il introduit en France le courant marxiste. Il adhèrera au Parti Communiste lors du congrès de Tours en 1920.

LEMEL Nathalie 1827/1921
Communarde, déportée en Nouvelle-Calédonie avec Louise Michel.

LISSAGARAY Prosper 1838/1901
Journaliste. Son histoire de la Commune est un livre de référence.

NADAR (Félix TOURNACHON) 1820/1910
Photographe et caricaturiste.

POUGET Emile 1860/1931
Anarchiste, rédacteur du Père Peinard et de la Voix du peuple organe de la CGT en 1900.

POULAIN Malvina
Institutrice de l'école dirigée par Louise Michel. Ambulancière de la Commune.

PYAT Félix 1810/1889
Journaliste, député en 1848 et 1871. Communard condamné à mort par contumace, réfugié en Angleterre.

RIGAULT Raoult 1846/1871
Journaliste élu de la Commune, délégué à la Préfecture de police, tué par les forces de l'ordre le 24 mai 1871 à la barricade de la rue Royer-Collard.

ROCHEFORT (de) Victor-Henri 1831/1913
Célèbre journaliste et pamphlétaire, député d'extrême-gauche, déporté en Nouvelle-Calédonie sur le même bateau que celui de Louise Michel.

SEVERINE 1855/1929
Secrétaire et disciple de Jules Vallès. Après avoir adhéré au Parti Socialiste elle rejoindra le Parti Communiste. Elle se disait parente de Louise Michel par la sincérité. Elle prononça un discours lors de son enterrement au cimetière de Levallois.

SIMON (Madame Jules)
Femme de Jules Simon, ministre du gouvernement de la Défense Nationale, présidente de l'œuvre des écoles professionnelles féminines.

UZES Marie-Clémentine de Rochechouart-Mortemart
duchesse d'Uzès. Militante royaliste, amie de Louise Michel.

VALLES Jules 1832/1885
Journaliste, auteur de l'Enfant, le Bachelier, L'Insurgé et fondateur du " Cri du peuple ", membre actif de la Commune, député du XXème arrondissement de Paris.

Bibliographie générale

AUZIAS Claire — Louise Michel — Editions du Monde Libertaire

BULLETIN et PUBLICATIONS de l'Association des Amis de la Commune de Paris, 46 rue des Cinq-Diamants 75013 Paris

BUISSON Virginie — Lettres retenues — Le Cherche Midi Editeur

CLERE Jules — Les hommes de la Commune, Biographie complète de tous ses membres — Dentu 1871

DURAND Pierre — Louise Michel — Editions Messidor

LA FOURNIERE Xavier de — Louise Michel — Perrin 1986 (remarquable par la publication inédite d'une biographie manuscrite de Louise elle-même)

GAUTHIER Xavière — Louise Michel : Je vous écris de ma nuit. Correspondance générale 1850/1904 — Les Editions de Paris nov. 1999
Le livre qui a demandé dix ans de recherches à Xavière Gauthier, constitue une somme pour la connaissance du mouvement révolutionnaire français et féministe international.

LE QUILLEAU Robert	La Commune de Paris, Bibliothèque critique 1871/1997. La boutique de l'Histoire	Editions, 24 r des Ecoles 75005 Paris
LISSAGARAY Olivier	Histoire de la Commune	la Découverte 1990
PARIS SOUS LA COMMUNE		Editions Dittmar
PLANCHE Gérard	La vie ardente et intrépide de Louise Michel	Chez l'auteur
ROUGERIE Jacques	Procès des Communards	Coll.Archives/ Julliard
SERNAM William	La Commune de Paris	Fayard 1996
TARDI-VAUTRIN	Le cri du peuple	Casterman
THOMAS Edith	Louise Michel	Gallimard 1971
VUILLAUME Maxime	Mes cahiers rouges au temps de la Commune (préface G. Guégan)	Actes Sud 1998
ZELLER André	Les hommes de la Commune	Perrin 1969

REPERES BIOGRAPHIQUES
DE LA VIE DE LOUISE MICHEL

29 MAI 1830
Naissance de Louise Michel à Vroncourt-la-Côte (Haute Marne), fille naturelle de Marianne Michel et Laurent de Mahis.

1844
Mort de Charles-Etienne de Mahis, grand-père de Louise Michel.

1847
Mort de Laurent de Mahis, père de Louise Michel.

1850
Mort de Charlotte de Mahis, grand-mère de Louise Michel.

1851
Etudes pour la préparation du brevet d'institutrice. Elle est reçue en 1852.

1852
Louise Michel ouvre une école libre à Audelancourt.

1856
Louise Michel s'installe à Paris, comme sous-maîtresse à la pension de Madame Vollier.

1865
Ouverture d'une école 5 rue des Cloys puis 24 rue Oudot dans le XVIIIème arrondissement de Paris.

1869
Secrétaire de la Société démocratique de moralisation ayant pour but d'aider les ouvrières par le travail.

15 AOUT 1870
Elle est chargée de porter au général Trochu, une pétition en faveur de blanquistes arrêtés et condamnés.

2 SEPTEMBRE 1870
Désastre de Sedan.

4 SEPTEMBRE 1870
Proclamation de la République.

NOVEMBRE 1870
Elue présidente du Comité républicain de vigilance des citoyennes du XVIIIème arrondissement.

18 MARS 1871
Louise Michel donne l'alerte quand l'armée de Thiers veut reprendre les canons de la Butte Montmartre.

28 MARS 1871
Proclamation de la Commune.

22-28 MAI 1871
Semaine sanglante. Louise Michel se bat au cimetière de Montmartre puis tient la barricade de la Chaussée - Clignancourt. Sa mère ayant été faite prisonnière, elle va se livrer aux Versaillais afin qu'ils la libèrent cette dernière en échange.

24 MAI 1871
Louise Michel est incarcérée à la prison de Satory, puis à la prison des Chantiers à Versailles.

2 SEPTEMBRE 1871
Théophile Ferré est condamné à mort.

28 NOVEMBRE 1871
Exécution de Théophile Ferré.

16 DECEMBRE 1871
Louise Michel comparait devant le 4ème Conseil de guerre. Elle réclame la mort. Elle est condamnée à la déportation à vie dans une enceinte fortifiée.

28 AOUT 1873
Embarquement à Rochefort sur le Virginie pour la Nouvelle Calédonie.

10 DECEMBRE 1873
Arrivée à Nouméa où elle s'installe comme institutrice.

11 JUILLET 1880
Amnistie totale des déportés.

9 NOVEMBRE 1880
Retour triomphal à la Gare Saint-Lazare.

18 JANVIER 1882
Condamnation à 15 jours de prison pour outrages à agents.

23 JUIN 1883
Condamnation à six ans de réclusion.

3 JANVIER 1885
Mort de Marianne Michel.

14 AOUT 1886
Condamnation à quatre mois de prison.

29 JUILLET 1890
Louise Michel s'exile à Londres.

9 JANVIER 1905
Mort de Louise Michel à Marseille.

21 JANVIER 1905
Enterrement au cimetière de Levallois auprès de sa mère, non loin du tombeau de Théophile et à Marie Ferré.

TABLE

- Triste naissance !   15
- La demoiselle du château   17 - 24
- Institutrice laïque   25 - 34
- Révolution et passion   35 - 49
- Face aux juges   51 - 68
- L'enfer et la gloire   69 - 85
- Destin qu'as-tu fait de mon rêve ?   87 - 90

ANNEXES

- L'hommage de Victor Hugo   93
- Le poème de Verlaine   95
- Lettre d'adieu de Ferré (novembre 1871)   97
- Photographies de Louise Michel   99 - 104
- Livres et écrits de Louise Michel   105 - 107
- Biographies des personnages cités   109
- Bibliographie générale   113 - 114
- Repères biographiques de la vie de Louise Michel   115 - 118

608719 - Mai 2015
Achevé d'imprimer par